Reinhard Abeln/Adalbert Ludwig Balling

Im Tod keimt ewige Glückseligkeit

∝fe

Fe-Medien, Kisslegg

1. Auflage 2018
© fe-medienverlags GmbH
Hauptstr. 22, D-88353 Kißlegg
Layout: Renate Geisler
ISBN 978-3-86357-204-4
Druck: orth-druk, Bialystok (Polen)

Printed in EU

Reinhard Abeln
Adalbert Ludwig Balling

Im Tod keimt
ewige Glückseligkeit

Hoffnungstexte, die Kraft geben
und Mut machen

Ein Lese- und Vorlesebuch
für Jung und Alt

Inhaltsverzeichnis

Ein Wort zuvor

Als Tito, der Staatschef des früheren Jugoslawien, im Sterben lag, sah die zehnjährige Christine die Tagesschau im Fernsehen. Von ihrer Mutter, die anderweitig beschäftigt war, danach gefragt, ob es denn etwas Neues gebe in der Welt, antwortete die Kleine: „Och, eigentlich nicht. Nur der Tito leidet halt immer noch am Sterben!"

Nicht alle Menschen „leiden am Sterben", aber viele sind voller Unruhe, weil voller Ungewissheit, was auf sie zukommt. Niemand weiß wirklich, wie das Leben danach sein wird. Keiner von denen, die vor uns waren und uns vorangingen, ist je zurückgekommen.

Irgendwo war einmal zu lesen: Zum Sterben brauche man vor allem Geduld! Denn Geduld sei das Einvernehmen mit der Zeit! Und allein Gott sei Herr über Zeit und Ewigkeit!

Im Mittelalter sprach man von der *Ars moriendi*, der Kunst des Sterbens. Um diese

„Kunst" zu lernen, brauche man Zeit – und Vorbilder. Viel Zeit und viel Geduld!

Am Tage seines Todes (er starb 1985 im Alter von 87 Jahren!) hatte Marc Chagall noch an einem Gemälde gearbeitet und letzte Pinselstriche angebracht. Dann war er in seinem Lehnstuhl friedlich eingeschlafen, ohne wieder zu erwachen. In seiner Westentasche fand man einen kleinen Zettel mit folgendem kurzen Gebet: „Bald wird es dunkel um mich; der Abend ist gekommen. Dann lege ich den Pinsel aus der Hand. Aber ich bitte, Herr, auch dann darum, weiterhin Bilder malen zu dürfen. Bilder von der Erde und vom Himmel!" – Das war des großen Künstlers letzter Wunsch.

Von solchen „letzten Wünschen" vieler Menschen spricht auch der berühmte Schweizer Psychotherapeut C. G. Jung: Die Hoffnung auf ein „Leben danach" erfülle viele Menschen.

Interessant, so C. G. Jung, sei auch, dass „gläubige Menschen leichter sterben" als Atheisten. Ihre Sehnsucht auf ein Leben danach mache es ihnen leichter …

Ähnliches erwähnt Erich Fried in einem Gedicht mit dem Titel „*Bevor ich sterbe.*" Urmenschliche Sehnsucht nach Wärme und Zärtlichkeit, nach Liebe und Glück, die ein Leben lang nie ganz gestillt wurden, erfülle ihn in diesen Stunden.

Ariel Durant, die Frau des amerikanischen Historikers Will Durant, sagte einmal, sie denke nur selten an den Tod, aber sie fürchte sich auch nicht vor ihm. Er, der Tod, sei eine weise Erfindung des Lebens: „Wenn er kommt, hoffe ich, dass ich den Anstand haben werde, dankbar auf mein Leben zurückzublicken – und meinen Kindern und Enkeln zu sagen: Seht, es war alles gut!"

Der Tod, „eine weise Erfindung des Lebens"? – Nein, nicht des Lebens, sondern dessen, der uns ins Leben gerufen hat; ins Leben geliebt hat!

Der Tod ist ein Geheimnis Gottes; ein Rätsel seiner Allmacht und Liebe. Gilbert Keith

Chesterton würde hinzufügen: „Aber die Rätsel Gottes sind befriedigender als die Lösungen der Menschen."

Liebe Leserin, lieber Leser – wir wollen mit diesem Buch niemandem Angst machen. Ganz im Gegenteil! Wir wollen vor allem aufzeigen, wie andere starben; wie glücklich sie waren und wie dankbar. Wir wollen anhand von Erlebnissen, Essays und Aphorismen dazu beitragen, dem Tod wie einem Freund zu begegnen, einem Freund Gottes.

Auch die ausgesuchten Zitate und Sinnsprüche machen – bei aller Unterschiedlichkeit und Andersartigkeit ihrer Inhalte – überdeutlich, wie wichtig es ist, dem Lebensende beizeiten ins Auge zu schauen – ohne Schaudern und ohne Ängste, aber sehr wohl mit dem Wissen, dass jenseits des Irdischen ein neues Leben auf uns wartet. Gott, der Herr über Leben und Tod, hat es uns versprochen; in seinem Sohn hat er diese Zusage bekräftigt.

Wir wünschen Ihnen – und allen, denen Sie dieses Buch empfehlen oder schenken möchten, den Segen und die Gnade Gottes, der ein Gott der Lebenden ist!

Adalbert Ludwig Balling / Reinhard Abeln

Der Tod gehört zum Menschen

Aller Menschen harrt der Tod;
und keinen gibt's auf Erden,
der untrüglich weiß,
ob ihn der nächste Morgen
noch am Leben trifft.

Euripides

Ja sagen zum Tod

Von der Geburt an sind wir unterwegs zum Alter und zum Tod. „Nascentes morimur", sagten die Römer, „mit der Geburt beginnt das Sterben". Das Alter stellt unausweichlich die Frage nach dem letzten Sinn des Lebens, nach dem Woher und dem Wohin. Papst Johannes XXIII. hat sie im honen Alter so beantwortet: „Die dritte Lebensstufe ist für mich die schönste; denn sie ist die Vigil des ewigen Lebens."

Was lesen Sie morgens als Erstes in der Zeitung? Politik? Börsenkurse? Wetter? Wichtiges aus der Region? Viele schauen, wenn sie die Überschriften auf der ersten Seite überflogen haben, nach den Todesanzeigen. Ein boshafter Zeitgenosse meinte einmal, das sei das einzig Wahre in der ganzen Zeitung. Aber das stimmt so nicht. Denn selbst in den Todesanzeigen wird manchmal gelogen, wenn man da etwa liest: „Wir werden ihn nie vergessen …"

Beim Lesen der Todesanzeigen stellen wir fest, dass wir den einen oder anderen gekannt haben. Wir sind erschrocken und denken: „Was, der Herr XY ist gestorben?" Dann fangen wir an zu vergleichen und erfahren, dass unter den Angezeigten Leute sind, die jünger sind als wir. Nun ja, der Tod macht eben keine Ausnahme. Jugend ist nicht unsterblich.

In anderen Anzeigen wird ersichtlich, dass die dort Genannten etwa in unserem Alter sind. Dann kommt der Gedanke: Heute dir – morgen mir! Schließlich lesen wir Todesanzeigen, in denen von Menschen die Rede ist, die ein hohes Alter erreicht haben. Dann steigt die Hoffnung in uns auf: So alt könnten wir ja auch werden! Warum denn nicht?

Dann schlagen wir die anderen Seiten der Zeitung auf, die Seiten von flutendem Leben. Wir schieben die Gedanken und Überlegungen angesichts der Todesanzeigen beiseite. Wir vergessen die Toten und den Tod. Begreiflich! Die Toten, der Friedhof sind ja weit draußen. Früher war der Totenacker (auch Gottesacker genannt) rund um die Kirche, mitten in der Gemeinde. Da ging man Sonntag für Sonntag zu den Toten und betete für sie.

Heute ist es so, dass der Totenwagen die Toten so schnell wie möglich aus dem Hause holt. Aus dem Auge, aus dem Sinn! Der Zug der Trauernden, der den Sarg begleitet, geht nicht mehr durch die Straßen der Gemeinde. Das heißt: Wir erleben das Sterben, den Tod, nicht mehr so intensiv wie früher. Das ist sehr angenehm, aber nicht gerade gut. Wir fürchten und fliehen diese ganze Welt der Toten und des Todes.

Es gibt wohl eine Flucht vor dem Tod, aber keine Rettung. Was sollen, was können wir tun? Wir müssen Ja sagen zum Tod, aber nicht in ohnmächtiger Resignation, sondern in gläubiger Hoffnung. Das richtige Verhältnis zum Sterben zu gewinnen, ist eine dauernde Aufgabe für jeden von uns. Wenn man alt ist, muss man sterben, wenn man jung ist, kann man sterben.

Reinhard Abeln

Die Weisen des Königs

Ein orientalischer König,
so erzählte der amerikanische
Schriftsteller Somerset Maughan einmal,
befahl eines Tages,
die Weisen seines Landes
sollten alle Weisheit der Welt
in dicken Büchern aufschreiben,
damit er sie lesen
und aus ihnen erfahren könne,
wie er sein Leben
und sein Reich
am besten führe.

Die Weisen brauchten viele Jahre.
Als sie schließlich zum König
zurückkehrten, begleitet von
einer Karawane Kamele,
die nichts als Bücher auf ihren
Rücken herbeischleppten,
da war der König erstaunt:
„So viele Bücher habt ihr

vollgeschrieben?!
Wann soll ich die bloß alle lesen?
Kehrt um, fasst euch kürzer!
Bringt mir ein einziges Buch,
nur ein einziges,
wie dick es auch sein möge, und
schreibt mir alles hinein,
was ihr an Weisheit gesammelt habt!"

Die Weisen zogen ab
und verbrachten abermals viele Jahre,
ehe sie erneut zum König
zurückkehrten.
Sie waren inzwischen
alte, zittrige Greise geworden.
Mit gebeugten Rücken legten
sie das Werk in die Hände des Königs,
das sie in mühsamer Arbeit erstellt
hatten – ein sehr dickes Buch!
Der Herrscher lag inzwischen
im Sterben. Er hatte keine Zeit mehr,
auch nur ein Buch zu lesen.
Als die Weisen ihn fragten,

ob sie ihm sonst noch einen Dienst
erweisen dürften, hauchte der König:
„Verfasst die Inschrift meines
Grabsteins!"
So kürzten sie
ihr dickes Buch auf sechs Worte:
„Er wurde geboren,
lebte
und starb."

Adalbert Ludwig Balling

Was ist doch der Mensch?

Der Mensch ist ein Gras, das nicht lang steht,
und ein Schatten, der bald vergeht.
Der Mensch ist ein Schaum, der bald zer-
fließt,
und eine Blume, die bald abschießt.
Der Mensch ist ein Rauch, der nicht lang
währt,
und ein Feuer, das sich selbst verzehrt.
Der Mensch ist ein Blatt, das bald abfällt,
und ein Ton, der bald verschallt.
Der Mensch ist ein Fluss, der bald fortrinnt,
und eine Kerze, die bald abbrennt.
Der Mensch ist ein Glas, das bald zerbricht,
und ein Traum, der haltet nicht.
Der Mensch ist ein Wachs, das bald zer-
weicht,
und eine Rose, die schnell erbleicht.
Der Mensch ist bald hübsch und rot,
auch bald darauf bleich und tot.
Der Mensch ist bald schön und reich –
auch bald ein Totenleich;

ein Schauspiel der Vergänglichkeit
und ein Spiegel der Unsterblichkeit.

Abraham a Sancta Clara (1644–1709)
Augustinermönch und Kanzelredner

Abschied mit Freude

Eine eigenartige Anzeige war in der „Neuen Zürcher Zeitung" zu finden. Neben dem üblichen Inserat, in dem die Familie den Tod eines 83-jährigen Arztes bekannt gab, war in besonderer Schrift, schwarz eingerahmt, folgender Text zu lesen:

„Aus besonderem Grund möchte ich meinen Tod selbst bekannt geben, da mir dieses einmalige Ereignis die Gelegenheit gibt, all denen, die meinen Lebensweg durch Erziehung, Vorbild, Belehrung, Kritik, vor allem aber auch durch ihre Liebe, reich und glücklich gemacht haben, noch einmal zu danken. Denn mit dieser Empfindung habe ich Abschied genommen. Sie hat mich mit einer solchen Freude erfüllt, dass ich alle darum bitte, mir nicht nachzutrauern, sondern sich mit mir zu freuen und mit gleicher Zuversicht und Gelassenheit weiterzuleben."

Reinhard Abeln

A Grundstückerl gekauft

Ein bekannter katholischer Geistlicher war zu einem festlichen Empfang geladen. Die Schickeria der Großstadt hatte sich eingefunden.

Im Laufe des Abends traf der Geistliche auch einen prominenten Geschäftsmann, der sich auf seine Reichtümer viel einbildete. Von „Pfarrern" hielt er nicht viel; sie waren für ihn „arme Schlucker", denen man gelegentlich ein Scherflein für gute Zwecke überweise, aber die man sonst zu meiden wisse.

Nachdem der Reiche mit seinen Gütern samt Neu-Erwerben reichlich geprahlt hatte, nahm ihn der Geistliche am Arm und flüsterte: „I hab a Grundstückerl gekauft, Herr Baron. Ganz in Ihrer Nähe; wissen'S, gleich neben Ihnen …"

Der Geschäftsmann war leicht verlegen: „Sie, Herr Pfarrer, Sie haben sich ein Grundstück erstanden? Wo denn, genau, wenn ich's wissen darf?"

„Ach", antwortete der Geistliche spitzbübisch lächelnd, „es ist ja nur a ganz kleins

Grundstückerl – draußen auf dem Friedhof, gleich neben Ihrer Gruft!"

Adalbert Ludwig Balling

Der Tod und der Gänsehirt

Einmal kam der Tod über den Fluss, wo die Welt beginnt. Dort lebte ein armer Hirt, der eine Herde Gänse hütete. „Du weißt, wer ich bin, Kamerad?", fragte der Tod.

„Ich weiß, du bist der Tod. Ich habe dich auf der anderen Seite hinter dem Fluss oft gesehen."

„Du weißt, dass ich hier bin, um dich zu holen und dich mitzunehmen auf die andere Seite des Flusses."

„Ich weiß. Aber das wird noch lange sein."

„Oder wird nicht lange sein. Sag, fürchtest du dich nicht?"

„Nein", sagte der Hirt. „Ich habe immer über den Fluss geschaut, seit ich hier bin, ich weiß, wie es dort ist."

„Gibt es nichts, was du mitnehmen möchtest?"

„Nichts, denn ich habe nichts."

„Nichts, worauf du hier noch wartest?"

„Nichts, denn ich warte auf nichts."

„Dann werde ich jetzt weitergehen und dich auf dem Rückweg holen. Brauchst du noch etwas, wünschst du dir noch was?"

„Brauche nichts, hab alles", sagte der Hirt. „Ich habe eine Hose und ein Hemd und ein Paar Winterschuhe und eine Mütze. Ich kann Flöte spielen, das macht mich immer froh. Meine Gänse verstehen nicht viel von Musik."

Als dann der Tod nach langer Zeit wiederkam, gingen viele hinter ihm her, die er mitgebracht hatte, um sie über den Fluss zu führen. Da war ein Reicher dabei, ein Geizhals, der zeit seines Lebens wertvolles und wertloses Zeug an sich gerafft hatte: Klamotten, auch Gold und Aktien und fünf Häuser mit etlichen Etagen. Der Mann jammerte und zeterte: „Noch fünf Jahre, nur noch fünf Jahre hätte ich gebraucht und ich hätte noch fünf Häuser mehr gehabt. So ein Unglück, so ein Unglück, verfluchtes!" Das war schlimm für ihn.

Ein Rennfahrer war unter ihnen, der zeit seines Lebens trainiert hatte, um den großen

Preis zu gewinnen. Fünf Minuten hätte er gebraucht bis zum Sieg. Da erwischte ihn der Bruder Tod.

Da war da ein junger Mann, der hatte an seiner Braut gehangen, denn sie waren ein Liebespaar gewesen und keiner konnte ohne den anderen leben. Ein schönes Fräulein war dabei mit langen Haaren. Und viele Reiche, die jetzt nichts mehr besaßen, und noch mehr Arme, die jetzt auch nicht das besaßen, was sie gerne hätten haben wollen. Ein alter Mann war freiwillig mitgegangen. Aber auch er war nicht froh, denn siebzig Jahre waren vergangen, ohne dass er das bekommen hätte, was er hatte haben wollen. Schlimm für sie alle.

Als sie an den Fluss kamen, wo die Welt aufhört, saß dort der Hirt. Und als der Tod ihm die Hand auf die Schulter legte, stand er auf, ging mit über den Fluss, als wäre nichts, und die andere Seite hinter dem Fluss war ihm nicht fremd. Er hatte Zeit genug gehabt, hinüberzuschauen, er kannte sich hier aus und die

Töne waren noch da, die er immer auf der Flöte gespielt hatte. Er war sehr froh.

Was mit den Gänsen geschah? Ein neuer
Hirt kam.

Janosch

„Der Herr hat's gegeben, der Herr hat's genommen"

Rabbi Meir saß eines Tages im Hörsaal und hielt einen Vortrag. Während dieser Zeit starben seine zwei Söhne. Seine Frau legte ein Tuch über sie, und als am Ende des Sabbats der Rabbi nach Hause kam und sich nach den beiden Söhnen erkundigte, sprach die Mutter: Sie sind unterwegs!

Dann trug sie ihrem Mann Speise auf, und nachdem der Rabbi gegessen hatte, sagte er abermals zu seiner Frau: Wo sind nun meine beiden Söhne – unterwegs wohin?

Die Frau antwortete: Vor langer Zeit kam ein Mann und gab mir etwas zum Aufbewahren. Jetzt kam er wieder, um es abzuholen. Ich habe es ihm gegeben. War das richtig, Rabbi, so zu handeln?

Meister Meir sagte: Wer etwas zum Aufbewahren erhalten hat, muss es seinem Eigentümer zurückgeben, wann immer dieser es zurückhaben möchte.

Genau das habe ich getan, sagte die Mutter der beiden Söhne. – Dann führte sie den Rabbi hinauf ins Obergemach, zog das Bettuch weg und zeigte ihm die Toten …

Da fing der Rabbi an zu weinen.

Seine Frau fasste ihn am Arm und sprach:

Rabbi, du hast mir doch gesagt, dass wir das Aufbewahrte seinem Eigentümer zurückgeben müssen, wann immer er es zurückhaben möchte!?

Da sah der Rabbi ein, dass seine Frau recht hatte, und er hörte auf, über den Tod seiner Söhne zu weinen.

Eine sinnvolle Parabel, die man all jenen erzählen möchte, die vom Leid getroffen werden.

Letztlich geht es uns wie Ijob: Der Herr beschenkt uns, macht uns reich, überhäuft uns mit Freude und Glück; aber der Herr kann auch – zu seiner Zeit – wieder abrufen, zurückholen, einsammeln.

Ob wir dann auch mit Ijob sprechen können: Der Herr hat gegeben, der Herr hat genommen; der Name des Herrn sei gelobt!?

Ob wir mit Gerhard Tersteegen (1697–1769) übereinstimmen, der geschrieben hat: „Reich ist, wer viel hat. Reicher ist, wer wenig braucht. Am reichsten ist, wer viel gibt."

Sind wir bereit, viel zu geben? Zurückzugeben? Auch dann, wenn es wehtut? Auch dann, wenn es heißt, sich von Freunden, von Verwandten und lieben Menschen trennen zu müssen? Wenn ER ruft?!

Adalbert Ludwig Balling

Nachtgebet

Junge Leute werden manchmal wach
Und wissen, dass sie sterben müssen.
Dann erschauern sie kurz
Und sehen verschiedene Bilder
Und denken: Jeder muss sterben und
Es ist noch Zeit.

Alte Leute werden manchmal wach
Und wissen, dass sie sterben müssen.
Dann wird ihr Herz bang,
Denn sie haben gelernt,
Dass niemand weiß, wie Sterben ist,
Dass keiner wiederkam, davon zu verkünden,
Dass sie allein sind, wenn das Letzte kommt.
Und wenn sie weise sind,
Dann beten sie. Und schlummern weiter.

Carl Zuckmayer

In Gottes Händen

Letztendlich bist du immer allein – ganz allein.
Du musst Entscheidungen treffen;
musst Ja sagen, das Jasagen lernen,
wenn einer deiner Liebsten von dir geht;
musst selbst ganz allein vor Gott hintreten,
wenn er dich ruft.
Mögen noch so viele gute und liebe
Menschen um dich herum sein,
mögen noch so viele dir wohlwollen –
ja selbst der liebste Mensch auf Erden,
dem du restlos vertraust,
kann dir in diesen Stunden
nicht beistehen.
Dann bist du allein. –
Traurig?
Ja, aber nicht ganz ohne Hoffnungsschimmer.
Denn der, der uns ins Leben rief
und auch die Macht hat,
uns abzurufen, ist bei dir –
weiß um deine Ängste,
kennt deine Trauer,

steht neben dir und hält seine Hände auf;
du fällst, aber immer nur in seine Hände.

Adalbert Ludwig Balling

Auf der Durchreise

Eine jüdische Geschichte erzählt: Zu Rabbi Hofetz Chaim kam ein Besucher, um sich einen Rat zu holen. Als der Gast jedoch sah, dass der berühmte Rabbi nur ein winziges Zimmer hatte, fragte er den Rabbi: „Meister, wo habt Ihr denn Euren Hausrat, Eure Möbel und Eure Wohnräume?"

„Wo haben Sie denn Ihre?", entgegnete der Rabbi.

„Meine?", fragte der verblüffte Gast. „Ich bin doch nur auf der Durchreise."

„Ich auch", erwiderte lächelnd der Rabbi.

Auch wir sind hier nur auf der Durchreise. Mit jedem Jahr, das wir erleben dürfen, kommen wir Gott ein Stück näher. Ob dies kein Grund zur Freude ist?

Reinhard Abeln

Im Angesicht des Todes

„Was würdest du tun", fragte man einen Heiligen, der gerade Korn mähte, „wenn du jetzt erführest, dass du in einer Stunde sterben musst?"

Er antwortete: „Ich würde mir auf dem Teil des Feldes, der noch zu bearbeiten ist, ganz besondere Mühe geben."

Und wenn ich morgen sterben müsste ...

Ein alter Mann pflanzte ein Apfelbäumchen. Da lachten die Leute und sagten zu ihm: „Warum pflanzt du dieses Bäumchen? Viele Jahre werden vergehen, bis es Früchte trägt, und du selbst wirst von diesem Bäumchen keine Äpfel mehr essen können."

Da antwortete der Alte: „Ich selbst werde keine ernten, aber wenn nach vielen Jahren andere die Äpfel von diesem Baum essen, werden sie mir dankbar sein."

Leo N. Tolstoi

Der kunstbeflissene Prälat

*Prälat Ästhetikus hat sich zeit
seines Lebens mit Kunst befasst.
Er galt als unschlagbar. Er
kannte die Geschichte der
kirchlichen Kunst wie kaum ein
anderer. Er wusste alte Meister
zu datieren, er irrte sich selten,
wenn es um neuere Werke
ging. Die Fachwelt schenkte
ihm Gehör. Er war ein Mann
vom Fach. Seine Bücher füllten
Regale.*

*Als es mit ihm zum
Sterben kam, gab er seinen
Freunden letzte Anweisungen.
Ratschläge, wie diese oder jene
Kirche zu restaurieren sei. Was
man besonders berücksichtigen
müsse. Wo eventuell noch
verborgene Kunstschätze
liegen.*

Dann war es so weit.
Einer der Umstehenden reichte
dem Prälat das Sterbekreuz.
Dieser griff danach und
murmelte sachlich-nüchtern:
„Fünfzehntes Jahrhundert!"

Wir schmunzeln – wie auch die Umstehenden sich eines Lächelns nicht erwehren konnten. Der gute Prälat hat bis zum letzten Atemzug für die kirchliche Kunst gearbeitet und gedacht.

Fromme Seelen könnten einwenden: Aber wie konnte er im Angesicht des Todes bloß so denken und reden! Wäre da nicht ein demütiges Sündenbekenntnis angebrachter gewesen?!

Vielleicht. Vielleicht aber auch nicht. Vielleicht war Prälat Ästhetikus eins mit Gott. Vielleicht hatte er sich schon vor Jahren mit der Tatsache des Sterbenmüssens auseinandergesetzt. Sie als unabwendbar angenommen. Den Tod akzeptiert.

Vielleicht daher sein unbekümmertes Verhalten in der Todesstunde. War dem so, dann besteht kein Grund zur Kritik. Dann müssen wir uns sagen lassen: Er starb, wie er lebte; er fürchtete sich nicht vor dem Tod; er diente bis zum Ende.

Adalbert Ludwig Balling

Zwei Blätter am Ast

„Es ist nicht mehr wie früher", sagte das eine Blatt.

„Nein", erwiderte das andere.

„Heute Nacht sind wieder so viele von uns davon … Wir sind beinahe schon die Einzigen hier auf unserem Ast."

„Man weiß nicht, wen es trifft", sagte das erste. „Als es noch warm war und die Sonne noch Hitze gab, kam manchmal ein Sturm oder ein Wolkenbruch und viele von uns wurden damals schon weggerissen, obgleich sie noch jung waren. Man weiß nicht, wen es trifft."

„Jetzt scheint die Sonne nur selten", seufzte das zweite Blatt, „und wenn sie scheint, gibt sie keine Kraft. Man müsste neue Kräfte haben."

„Ob es wahr ist", meinte das erste, „ob es wohl wahr ist, dass an unserer Stelle andere kommen, wenn wir fort sind, und dann wieder andere und immer wieder …"

„Es ist sicher wahr", flüsterte das zweite, „man kann es gar nicht ausdenken … Es geht über unsere Begriffe …" „Und man wird auch zu traurig davon", fügte das erste hinzu.

Sie schwiegen eine Zeit.

Dann sagte das erste still vor sich hin: „Warum wir wegmüssen …?"

Das zweite fragte: „Was geschieht mit uns, wenn wir abfallen …?"

„Wir sinken hinunter …"

„Was ist da unten?"

Das erste antwortete: „Ich weiß es nicht. Der eine sagt das, der andere sagt dies … aber niemand weiß es."

Das zweite fragte: „Ob man noch etwas fühlt, ob man noch etwas von sich weiß, wenn man dort unten ist?"

Das erste erwiderte: „Wer kann das sagen? Es ist noch keines von denen, die hinunter sind, jemals zurückgekommen, um davon zu erzählen."

Wieder schwiegen sie. Dann redete das erste Blatt zärtlich zum anderen: „Du zitterst ja. Gräme dich nicht zu sehr."

„Lass nur", antwortete das zweite, „ich zittere jetzt so leicht. Man fühlt sich eben nicht mehr so fest an seiner Stelle."

„Wir wollen nicht mehr von solchen Dingen sprechen", sagte das erste Blatt.

Nun schwiegen sie beide. Die Stunden vergingen. Ein nasser Wind strich kalt und feindselig durch die Baumwipfel.

„Auch … jetzt …", sagte das zweite Blatt, „… ich …" Da brach ihm die Stimme. Es ward sanft von seinem Platz gelöst und schwebte hernieder. –

Nun war es Winter.

Alte Fabel

Herbst

Die Blätter fallen, fallen wie von weit,
als welkten in den Himmeln ferne Gärten;
sie fallen mit verneinender Gebärde.

Und in den Nächten fällt die schwere Erde
aus allen Sternen in die Einsamkeit.

Wir alle fallen. Diese Hand da fällt.
Und sieh dir andre an: Es ist in allen.

Und doch ist Einer, welcher dieses Fallen
unendlich sanft in seinen Händen hält.

Rainer Maria Rilke

Alles hat seine Zeit

Nach dem Bericht einer Illustrierten hat ein Fachmann nachgewiesen, dass wir – bei entsprechend wissenschaftlich vorgeschriebener Lebensweise – unsere 150 Jahre alt werden könnten. Und wenn es nicht ganz zu 150 reicht, dann aber doch auf alle Fälle über die 100 Jahre. Wie es heute selbstverständlich ist, dass man seine 80 oder 90 Jahre alt wird, so könnte es also eines Tages selbstverständlich sein, dass man so an die 100 Jahre alt wird.

Ist das ein erstrebenswertes Ziel? Man könnte vielleicht bis 70 arbeiten (einige Politiker haben das ja bereits für die heutige Zeit vorgeschlagen), aber dann käme der lange Feierabend. Kann man 30 Jahre lang (oder länger) seinen gewiss wohlverdienten Ruhestand genießen? Mancher wird jetzt etwas voreilig sagen: Warum denn nicht? Ich selbst aber glaube das nicht. Das wäre so unnatürlich, wie wenn der Herbst des Jahres sechs Monate dauern würde. Es hat in der Natur alles seine Zeit, auch beim Menschen.

Nebenbei gesagt: Zur Zeit Christi betrug die durchschnittliche Lebenserwartung etwa fünfundzwanzig, zu Beginn des neunzehnten Jahrhunderts rund fünfunddreißig Jahre. Der Rektor der Universität Königsberg redete bei einer Feier zum fünfzigsten Geburtstag Immanuel Kants den großen Gelehrten mit den Worten an: „Verehrter Greis!" Das wagen wir heute zu keinem Siebzigjährigen zu sagen!

Man soll dem Herrgott, der ja hinter der Natur steht, nicht ins Handwerk pfuschen und das Leben unter allen Umständen und mit aller Gewalt verlängern. Einmal geht es dann doch zu Ende. Und das ist normalerweise vor dem 100. Geburtstag der Fall. Damit sollten wir uns abfinden und nicht davon träumen, unbedingt über 100 Jahre alt werden zu wollen.

Wilhelm Busch fasst das Gesagte mit folgenden Versen zusammen:
„Wer eine Erbschaft übernommen,
hat für die Schulden aufzukommen.

Denn nicht umsonst ist der Genuss!
Kein Leugnen gilt, kein Widerstreben,
wir müssen sterben, weil wir leben,
so lautet der Gerichtsbeschluss!"

Reinhard Abeln

Die späten Jahre

Peter Frankenfeld, gerade 65 Jahre alt geworden, wurde in einer Fernsehsendung von einem jüngeren Kollegen gefragt, wie er sich denn so fühle?

Es kam keine abgedroschene Antwort, kein Klischee. Zum Erstaunen der Zuschauer sagte Frankenfeld – sinngemäß: Vor allem habe ich das Gefühl des Dankens. Ich möchte danken, dass immer noch ein Jahr hinzugekommen ist. Danken für die schöne Zeit dieses meines Lebens. Danken, dass ich so alt werden durfte. Es ist schön, immer noch älter werden zu dürfen … (Wenige Monate später – im Januar 79 – starb Frankenfeld!)

Später ging mir ein anderer Gedanke durch den Kopf: Wie viele Menschen erreichen dieses Alter nicht?

Wie viele sterben in jungen Jahren?

Wie viele bekannte Persönlichkeiten haben die 30 oder die 40 oder die 50 nie überschrit-

ten? Was haben sie in den wenigen (verbliebe-
nen) Jahrzehnten trotzdem geschaffen? Und:
Was wäre aus ihnen geworden, wenn …?

Zur Gedächtnis-Auffrischung:
Therese von Lisieux starb mit 24 Jahren, Franz
Schubert mit 31, Wolfgang Amadeus Mozart
mit 35, Martin Luther King mit 39, Friedrich
von Schiller und John F. Kennedy mit 46,
Thomas von Aquin mit 49 …

Adalbert Ludwig Balling

Der Tod ist kein Gesellschaftsspiel

Ein amerikanischer Hilfsgeistlicher – ich weiß nicht, welcher Konfession – hatte einen verrückten Einfall. Weil er die üblichen Trauerfeiern satt hatte, wollte er einmal sein eigenes Begräbnis „vorweg" inszenieren.

„Ich möchte noch zu Lebzeiten hören, was meine Freunde Gutes über mich sagen, ich möchte den Anblick der schönen Blumen an meinem Sarg genießen."

Über 500 „Hinterbliebene" kamen zur Feier. Der Hilfspfarrer war mit einem Leinentuch und einer Kapuze bekleidet; auf der Nase saß eine dunkle Sonnenbrille. So hörte sich der Seelenhirt aus Florida, mit dem Rücken zur Gemeinde, die Lobreden seiner Schäflein an.

Nach der makabren Feierstunde, die an seinem 64. Geburtstag (Alter schützt vor Torheit nicht!) stattfand, lud der „Verstorbene" zu einem kombinierten Geburtstags- und Leichenschmaus ein.

Verrückter Amerikaner, werden manche

Leser murmeln – oder mit Entsetzen ausrufen. Mit Recht. Denn bei allem Sinn für Humor, auch gelegentlich für Galgenhumor, Tod und Begräbnis sind kein Gesellschaftsspiel, schon gar nicht, um sich über Lobhudeleien – geheuchelte oder echte – zu amüsieren.

Man muss den Tod nicht ernster nehmen, als er ist. Aber darf man mit einem religiösen Brauch auf so schäbige Weise Schindluder treiben? Man darf es nicht. Auch dann nicht, wenn man im Voraus zu verstehen gibt, dass alles ja doch nur ein Spiel sei, ein So-tun-als-ob!

Der Tod ist zu ernst, als dass man ihn veräppeln dürfte. Er ist freilich auch nicht so ernst, dass man, schon beim Gedanken an ihn, vor lauter Angst die Lust am Weiterleben verlieren muss.

Adalbert Ludwig Balling

Mach's nur mit meinem Ende gut

Wer weiß, wie nahe mir mein Ende!
Hin geht die Zeit, her kommt der Tod;
ach wie geschwinde und behende
kann kommen meine Todesnot.
Mein Gott, mein Gott,
ich bitt durch Christi Blut:
Mach's nur mit meinem Ende gut!

So komm mein End heut oder morgen,
ich weiß, dass mir's mit Jesus glückt;
ich bin und bleib in deinen Sorgen,
mit Jesu Blut schön ausgeschmückt.
Mein Gott, mein Gott,
ich bitt durch Christi Blut:
Mach's nur mit meinem Ende gut!

Ämilie Juliane von Schwarzburg-Rudolstadt

Vielleicht braucht ihn der liebe Gott jetzt schon!

Frau Ch. verlor einen guten Freund, einen ungefähr 45-jährigen Geistlichen. Er stürzte bei einer Bergwanderung in Österreich ab. Es war eine Hiobsbotschaft für viele, die ihn kannten, nicht nur für die Familienangehörigen. Tausende von Jugendlichen, denen der Geistliche über viele Jahre hinweg beigestanden hatte, trauerten ebenfalls um ihren väterlichen Freund.

Frau Ch. konnte es nicht fassen: Er, der tödlich Verunglückte, war ein ausgezeichneter Bergsteiger gewesen! Er, der über Presse, Radio und Fernsehen so vielen helfen konnte – warum musste ausgerechnet er so früh sein Leben lassen? In ihrer Trauer verkroch sie sich in die hinterste Ecke ihrer Wohnung, nahm den Rosenkranz in die Hand und fing an zu beten.

Wenige Minuten später schlich sich der zehnjährige Markus, ganz vorsichtig und zärtlich, zur Betenden hin, zupfte sie am Ärmel und sagte: „Oma, weißt du, vielleicht braucht ihn halt der liebe Gott jetzt schon!"

Adalbert Ludwig Balling

Aus dem Auge, aus dem Sinn

Vor dem Tod machen wir sehr häufig die Augen zu. Wir schauen zwar jeden Tag in der Zeitung nach den Todesanzeigen, aber lange hält man sich dabei nicht auf. Man schiebt solche Gedanken gerne von sich. Begreiflich!

Früher war der Friedhof, der Totenacker, rund um die Kirche, mitten in der Gemeinde. Da ging man Sonntag für Sonntag an den Toten, an der Vergangenheit vorbei. Heute sind die Toten und der Friedhof meist weit draußen. Aus dem Auge, aus dem Sinn. Der Totenwagen holt die Toten so schnell wie möglich aus dem Haus.

Wir erleben das Sterben, den Tod, nicht mehr so intensiv wie früher. Schade! Wir müssen uns eines Tages doch stellen. Das Einzige, was ganz sicher kommt, ist der Tod – und an den denken wir am wenigsten. Geht es Ihnen auch so?

Reinhard Abeln

Allahs Bote

Es gab einmal einen Scheich, den man den „Großen" nannte. Eines Tages stand ein junger Mann in seinem Zelt und grüßte ihn. „Wer bist du?", fragte der Scheich. „Ich bin Allahs Bote und werde der Engel des Todes genannt."

Der Scheich wurde ganz bleich vor Schrecken. „Was willst du von mir?" – „Ich soll dir sagen, dass dein letzter Tag gekommen ist. Mach dich bereit! Wenn morgen Abend die Sonne untergeht, komme ich, um dich zu holen."

Der Bote ging. Das Zelt war leer. Fröhlich klatschte der Scheich in die Hände und befahl einem Sklaven, das schnellste und beste Kamel zu satteln. Er lächelte noch einmal, weil er an den Boten dachte, der morgen Abend das Zelt leer finden würde.

Bald war der Scheich weit in der Wüste draußen. Er ritt die ganze Nacht und den ganzen Tag trotz der brennenden Sonne. Er gönnte sich keine Rast. Je weiter er kam, umso leichter war ihm ums Herz. Die Sonne war nicht mehr weit vom Rande der Wüste entfernt. Er sah die Oase, zu der er wollte.

Als die Sonne unterging, erreichte er die ersten Palmen. Jetzt war er weit, weit weg von seinem Zelt. Müde stieg er ab, lächelte und streichelte den Hals seines Tieres: „Gut gemacht, mein Freund!" Er führte sein müdes Tier zum Brunnen.

Doch am Brunnen saß ruhig wartend der Bote, der sich Engel des Todes genannt hatte, und sagte: „Gut, dass du da bist! Ich habe mich gewundert, dass ich dich hier, so weit entfernt von deinem Zelt, abholen sollte. Ich habe mit Sorge an den weiten Weg, an die brennende Sonne und dein hohes Alter gedacht. Du musst sehr schnell geritten sein …"

Arabische Sage

„Mors certa, hora incerta"

„Mors certa, hora incerta" ist noch auf alten Uhren zu lesen: „Der Tod ist gewiss, (nur) seine Stunde ist ungewiss." Aus diesem Grunde führte Kaiser Maximilian I. (1459–1519), auch der „letzte Ritter" genannt, auf seinen Heereszügen beständig einen Wagen mit, der seinen Sarg trug.

Der Kaiser war keineswegs ein Melancholiker, sondern ein durchaus fröhlicher Mann. Aber er wusste: Der Tod ragt ständig in unser Leben hinein. Wie rasch kann ein Menschenleben ein Ende finden! Ob wohl ein Autofahrer in der heutigen Zeit auf seinen Fahrten weniger gefährdet ist als der Kaiser auf seinen Feldzügen vor ein paar hundert Jahren?

Reinhard Abeln

Mitten im Leben sind
wir vom Tod umfangen

Ein weniger bekanntes Märchen der Brüder Grimm handelt von den „Boten des Todes". Es geht darin um einen jungen Mann, der dem Tod – dem Tod als Person – in einer schwierigen Lage geholfen hatte.

Der Tod wollte sich für diese Hilfe revanchieren. Er versprach dem jungen Mann, ihn nicht abzuholen, wenn er dran wäre, sondern zuvor seine Boten zu senden.

„Wohlan", sagte der junge Mann, „es ist immer ein Gewinn, dass ich weiß, wann du kommst, und so lange wenigstens sicher vor dir bin".

So war er lustig und guter Dinge und lebte in den Tag hinein. Jugend und Gesundheit hielten nicht dauerhaft an. Er wurde älter und blieb von Krankheiten und Schmerzen nicht verschont. Aber, so sagte er zu sich selbst, sterben werde ich nicht, denn der Tod sendet ja seine Boten, bevor er mich holt.

Eines Tages klopfte ihm jemand auf die Schulter, und wie er sich umblickte, sah er den Tod hinter sich stehen. Der sagte ihm: „Komm mit, deine Stunde des Abschieds von der Welt ist gekommen."

„Wie", sagte der Mann, „hast du mir nicht versprochen, deine Boten zu senden, bevor du selber kommst? Ich habe keinen gesehen."

„Schweig", sagte der Tod, „habe ich dir nicht einen Boten nach den anderen geschickt?"

Und der Tod erinnerte den Mann an diese und jene Krankheit; an Gichtanfälle; an Zahnschmerzen; an Schwindel.

Und weiter: „Hat nicht der Schlaf dich jeden Abend an mich erinnert? Lagst du nicht in der Nacht, als wärst du schon gestorben?"

Das Märchen endet mit dem Hinweis, dass der Mann darauf nichts mehr zu sagen wusste.

Der Tod hatte ja wirklich seine Boten geschickt. Deshalb ergab sich der junge Mann in sein Schicksal und ging mit dem Tod fort.

„Mitten im Leben sind wir vom Tod umfangen", heißt es in einem alten Kirchenlied.

Der Mensch kann zwar nicht jeden Tag nur an Sterben und Tod denken, wenn dazu kein direkter Anlass besteht. Aber verdrängen sollten wir den Gedanken nicht, dass uns der Tod jeden Tag treffen kann. Zumal im Totengedenkmonat November können wir uns solche Dimensionen neu bewusst machen.

Bewusst machen sollten wir uns auch – das ist die Lehre des Märchens –, dass der Tod seine untrüglichen Boten sendet.

Mit dem Älterwerden stellen wir zunehmend unsere körperlichen Grenzen fest – Krankheiten, Schwächen, Schmerzen, Leiden. Das alles sind Boten des Todes. Wir können sie verdrängen, können aber auch versuchen, daraus etwas zu machen für die verantwortliche Gestaltung eines jeden Tages.

Mitten im Leben, jeden Tag, sind wir vom Tod umfangen.

Reinhard Abeln

Abschied

Ich muss Abschied nehmen.
Sagt mir Lebewohl, meine Brüder!
Ich verneige mich vor euch allen,
ich nehme Abschied von euch.

Die Schlüssel zu meiner Tür gebe ich zurück,
nichts will ich mehr aus meinem Haus.
Ich bitte nur um eure letzten lieben Worte.

Lange waren wir Nachbarn,
aber ich empfing mehr, als ich geben konnte.
Nun hat sich der Tag geneigt.
Die Lampe, die meinen dunklen Winkel
erhellte, verlöscht.

Der Ruf ist ergangen.
Ich bin zum Aufbruch bereit.

Rabindranath Tagore

Das Totenhemdchen

Es hatte eine Mutter ein Büblein von sieben Jahren, das war so schön und lieblich, dass es niemand ansehen konnte, ohne ihm gut zu sein, und sie hatte es auch lieber als alles auf der Welt. Nun geschah es, dass es plötzlich krank ward und der liebe Gott es zu sich nahm; darüber konnte sich die Mutter nicht trösten und weinte Tag und Nacht.

Bald darauf aber, nachdem es begraben war, zeigte sich das Kind nachts an den Plätzen, wo es sonst im Leben gesessen und gespielt hatte; weinte die Mutter, so weinte es auch, und wenn der Morgen kam, war es verschwunden.

Als aber die Mutter gar nicht aufhören wollte zu weinen, kam es in der Nacht mit seinem weißen Totenhemdchen, in welchem es in den Sarg gelegt war, und mit dem Kränzchen auf dem Kopf, setzte sich zu ihren Füßen auf das Bett und sprach: „Ach, Mutter, höre doch auf zu weinen, sonst kann ich in meinem Sarg nicht einschlafen, denn mein Totenhemdchen wird nicht trocken von deinen Tränen, die alle darauf fallen." Da erschrak die Mutter, als sie das hörte, und weinte nicht mehr.

Und in der anderen Nacht kam das Kindchen wieder, hielt in der Hand ein Lichtchen und sagte: „Siehst du, nun ist mein Hemdchen bald trocken und ich habe Ruhe in meinem Grab." Da befahl die Mutter dem lieben Gott ihr Leid und ertrug es still und geduldig und das Kind kam nicht wieder, sondern schlief in seinem unterirdischen Bettchen.

Jacob und Wilhelm Grimm

„Willkommen, Bruder Tod!"

Was die „Sterbekunst" betrifft, sind die meisten von uns die reinsten Waisenknaben. Warum? Sind wir – durch Terror und Katastrophen abgestumpft – so „gewöhnlich" geworden, dass wir ernsten Gedankengängen über den Tod ausweichen? Haben wir uns selbst so satt, dass wir uns innerlich hohl und leer – wie ein ausgetrockneter Brunnen – vorkommen? Verkraften wir die Einsamkeit nicht, ohne Gefahr zu laufen, dass wir vereinsamen? Klammern wir die Worte Jesu aus unserem Denken aus: „Selig der Knecht, den der Herr wachend findet"? Beten wir zu wenig um einen guten Tod?

Franz von Assisi (1182–1226) konnte in seiner letzten Stunde ausrufen: „Willkommen, Bruder Tod!" Also kann aus dem Feind des Menschen ein Freund werden, ein Bruder. Versuchen wir, es dem Bettler und Wanderprediger von Assisi gleichzutun!

Strecken wir, wenn die Stunde gekommen ist, unsere Hände aus und geben wir Gott unser Leben zurück! Bitten wir ihn, dass er das Verkehrte gerade mache, dass er unsere Schuld verzeihe, dass er uns zu sich heimhole in seine ewige Freude!

Das alles schafft keiner allein. Kein Mensch geht den Weg zu Gott allein. Kardinal Joseph Höffner hat einmal das richtige Wort gesagt: „Ohne Gott bin ich nichts, ohne euch, meine Freunde, bin ich fast nichts!"

Reinhard Abeln

Wenn Künstler an den Tod denken

In der Erzählung „Montauk" schreibt Max Frisch gegen Ende des Bandes, es werde Zeit, nicht bloß an den Tod zu denken, sondern davon zu reden – und zwar weder feierlich noch witzig, auch nicht vom Tod allgemein, sondern vom eigenen Tod. Er sei zwar, gemessen am Alter, noch realtiv jung. Der Arzt finde nichts. Nur Müdigkeit nach zu viel Alkohol, Kopfschmerzen bei Föhn und dergleichen. Das sei doch keine Krankheit. Ja, hin und wieder habe er noch Herzbeschwerden; auch das kenne er schon seit 20 Jahren. Von Schmerzen könne keine Rede sein. Nur – wenn er's seinem Arzt beschreiben müsse: ein Gefühl von Engnis, Schwäche; Bedürfnis nach Atem. Er träume viel vom Tod: „Wie jedermann fürchte ich mich vor einem qualvollen Sterben. Ich bin jetzt älter geworden als mein Vater und weiß, dass die durchschnittliche Lebenserwartung demnächst erreicht ist. Ich will nicht sehr alt werden. Meistens bin ich mit jüngeren Leuten zusammen …"

Anders sieht der berühmte und viel jüngere Clown Dimitri sein Verhältnis zum Tod. Er schreibt einmal, er wünsche sich, der Tod würde ihn zu einem Zeitpunkt überraschen, in dem er schöne und heitere Dinge treibe. Oft schon habe er sich gefragt, was geschähe, wenn er blind würde oder ein Holzbein tragen müsste?

Dann, so Dimitri, würde er sich aufs Singen, Malen, Schreiben, Meditieren verlegen, um „zu den tiefsten Gründen meiner Existenz" vorzustoßen. Er denke oft an den Tod, versuche, sich mit ihm vertraut zu machen: „Der Tod ist etwas sehr Zwiespältiges, und wenn man genau nachdenkt, auch nicht so furchtbar, wie er zunächst erscheinen mag. Beklemmender als er wirkt der Gedanke an Leiden, Krankheit und Einsamkeit …" (vgl. Patrick Ferla, Dimitri, Claassen/Zürich 1980).

Mit dem Alter wird der Mensch weiser, durchschaut die Dinge, tritt der Krankheit und dem Tod gelassener gegenüber.

Das Tröstende am mutigen Altern sei wohl die wachsende Fähigkeit, die Dinge nicht mehr so tragisch zu nehmen, schrieb der amerikanische Schriftsteller Henry Miller einmal; er selber sei mit 80 ein viel vergnügterer Mensch, als er es mit 20 oder 30 war: „Auf keinen Fall wäre ich gern nochmals Teenager. Die Jugend ist zwar etwas Herrliches, aber sie durchzumachen ein recht schmerzhafter Prozess. Außerdem ist, was man Jugend nennt, meiner Meinung nach gar keine Jugend, sondern eine Art vorzeitiges Alter. Erst mit vierzig fing ich an, mich wirklich jung zu fühlen. Erst dann war ich reif dafür!" (vgl. Reise in ein altes Land, dtv. 1981).

So oder so – jeder Mensch wird sich mit dem Alter, dem Sterben, dem Tod beschäftigen müssen. Je früher er es tut, je tiefer er den Dingen auf den Grund geht, umso leichter wird es ihm später fallen, Aug in Aug mit ihnen zu leben.

Man sollte sich angewöhnen, hin und wieder um einen guten Tod zu beten.

Da gibt es den heiligen Josef, den Patron der Sterbenden. Warum scheuen wir uns, ihn gelegentlich anzurufen?

Adalbert Ludwig Balling

„Brüderlein, kumm!"

Zeigt sich der Tod einst mit Verlaub
und zupft mich: Brüderlein, kumm!
Da stell ich mich am Anfang taub
und schau mich gar nicht um.

Dann sagt er: Lieber Valentin,
mach keine Umstände. Geh!
Da leg ich meinen Hobel hin
und sag der Welt ade.

Albert Lortzing,
Zar & Zimmermann

Der arme Bauer

Einem armen Bauern, der kaum das Nötigste zum Leben hat, wird eines Tages ein unerwartetes Glück zuteil. Ein reicher Grundbesitzer erlaubt ihm, so viel Land als sein Eigentum zu erwerben, wie er in der Zeitspanne zwischen Sonnenaufgang und -untergang zu Fuß umschreiten kann. Die einzige Bedingung: Er muss, wenn die Sonne untergeht, genau wieder an dem Punkt angekommen sein, an dem er morgens aufgebrochen ist.

Zunächst ist der arme Bauer überglücklich, weil er bei Weitem nicht den ganzen Tag brauchen wird, um so viel Land zu umwandern, wie er zu einem reichlichen Lebensunterhalt braucht. So geht er frohen Mutes los, ohne Hast, mit ruhigem Schritt.

Doch dann kommt ihm der Gedanke, diese einmalige Chance auf jeden Fall auszunützen und so viel Boden wie nur eben möglich zu gewinnen. Er malt sich aus, was er alles, mit dem neu gewonnenen Reichtum anfangen kann, wozu er ihn verwenden will. Sein Schritt wird schneller und er orientiert sich am Stand der Sonne, um nur ja nicht den Zeitpunkt zur Rückkehr zu verpassen.

Er geht in einem großen Kreis weiter, um noch mehr Land zu erhalten. Dort will er noch einen Teich hinzubekommen, hier eine besonders saftige Wiese und da wiederum ein kleines Wäldchen. Sein Schritt wird hastig, sein Atem wird zum Keuchen, der Schweiß des Laufens und der Schweiß der Angst treten ihm auf die Stirn.

Endlich, mit letzter Kraft, ist er am Ziel angekommen: Mit dem letzten Strahl der untergehenden Sonne erreicht er den Ausgangspunkt, ein riesiges Stück Land gehört ihm – doch da bricht er vor Erschöpfung zusammen und stirbt; sein Herz war der Belastung nicht gewachsen. Es bleibt ihm jenes winzige Stück Erde, in dem er beerdigt wird; mehr braucht er jetzt nicht mehr.

Nach Leo N. Tolstoi

Warum müssen wir sterben?

Immer wieder haben sich die Menschen die Frage gestellt, warum sie überhaupt sterben müssen. Die Antwort darauf gibt uns die Heilige Schrift:

Der Tod stammt aus der Sünde. Der Apostel Paulus sagt im Brief an die Römer: Der Tod ist „der Lohn der Sünde" (Röm 6,23). Er ist die Folge jenes ersten Bruches, der durch die Sünde und die Trennung von Gott in die Menschheit gekommen ist.

Die Sünde des ersten Menschenpaares war nicht nur eine Gebotsübertretung, sondern der Verzicht auf die Gemeinschaft mit Gott. Gott ist „das Leben", Sünde aber ist Lebensverzicht. „Durch einen einzigen Menschen kam die Sünde in die Welt und durch die Sünde der Tod und auf diese Weise gelangte der Tod zu allen Menschen, weil alle sündigten" (Röm 5,12).

Ohne die Sünde, so lehrt das Zweite Vatikanische Konzil, wäre dem Menschen der „leibliche Tod, wie ihn alle erleiden müssen, erspart geblieben". (Pastoralkonstitution „Gaudium et spes", 18). Die Menschen wären auf eine andere, uns verborgene Weise von der paradiesischen Erde in das ewige Leben Gottes aufgenommen worden.

Reinhard Abeln

Ein Käuzchen in der Nacht

Die als kritisch und sachlich-nüchtern bekannte Schriftstellerin Luise Rinser schreibt einmal, sie habe kurz vor dem Tod ihrer fast neunzigjährigen Mutter etwas Eigenartiges erlebt. Abends saß sie in ihrem Zimmer in Rocca di Papa bei Rom, als plötzlich etwas Dunkles auf das Fenster stieß. Das Glas gab einen leichten dumpfen Ton. Ein Käuzchen!

Nie zuvor sei so etwas vorgekommen und sofort habe sie an ihre Mutter gedacht und zu sich selbst gesagt: Sie ist gestorben. Ein Anruf (ihre Mutter lebte in der Nähe von München) bestätigte ihre Befürchtung nicht: Die Mutter lebte, war allerdings wieder ins Krankenhaus gebracht worden. Sie brauche nicht zu kommen, ließ man die Schriftstellerin wissen.

Dennoch nahm sie am nächsten Morgen das erste Flugzeug nach München und dann, statt des langsamen Bahntransportes, ein schnelles Taxi, direkt zum Krankenhaus. Dort sagte ihr die Pförtnerin, ihre Mutter sei nicht mehr am Leben, sondern vor etwa einer Stunde gestorben …

Rinser: „Drei Nächte lang sehe ich sie (nicht im Traum, anders, aber ich weiß nicht zu sagen, wie), sie geht, eine kleine graue Gestalt, ganz allein durch eine ansteigende, vollkommen kahle Gebirgslandschaft. Ich rufe ihr nach: So warte doch, ich geh mit! Sie hört mich nicht, sie wandert und wandert. Es ist schrecklich und herzzerreißend, sie so gehen zu sehen. Dann ist sie fort für immer" (Kriegsspielzeug, Fischer/Frankfurt).

Adalbert Ludwig Balling

Den Tod annehmen

Eine Frage: Wie stehen wir, liebe Leser, zu unserem eigenen Tod? Sind wir geneigt, dem Gedanken an das Sterben auszuweichen? Denken wir vielleicht: „Es reicht noch – ich bin ja erst 50, 60 oder 70 Jahre?" Vergessen wir, dass der Herr immer wieder vom Tod gesprochen hat als einem „Dieb, der in der Nacht kommt"?

Wir sollten jeden Tag auf unseren Tod eingestellt sein. Wir sollten uns immer wieder vergegenwärtigen, wie wahr das bekannte Kirchenlied ist: „Ach wie flüchtig, ach wie nichtig ist der Menschen Leben! Wie ein Nebel bald entstehet und auch wieder bald vergehet, so ist unser Leben, sehet!"

Ein erfahrener Seelsorger hat einmal gesagt: „Nehmen Sie in christlicher Hoffnung den Tod an! Verstecken Sie sich nicht vor ihm! Das richtige Verhältnis zum Sterben zu gewinnen, ist eine dauernde Aufgabe für den Christen."

Reinhard Abeln

Mandevu, der Greis mit dem langen Bart

Er war alt, uralt. Niemand wusste, wann er ins Land gekommen war. War's schon vor den ersten weißen Siedlern? War's zur Zeit Livingstones oder Stanleys?

Niemand konnte es sagen. Auch die Eingeborenen nicht. Für sie war der weißhaarige Greis eine Sagenfigur – geschnitzt und gewoben aus dem Material eines ihrer Märchen.

Man erzählte sich Sagen-haftes über ihn. Kein Biergelage ging vorüber, ohne dass sein Name erwähnt worden wäre. Alle liebten ihn, alle sprachen voller Achtung von Mandevu, dem Freund der Schwarzen, dem weißen Einsiedler, dem silberbärtigen Bewohner der Bundu.

Mandevu lebte das Leben eines Eremiten; fern jeder Zivilisation und modischer Hast, abseits der großen Kontinentalstraßen, einsam und allein inmitten der halb offenen Buschlandschaft. Die weite, endlose Bundu im südlichen Afrika war seine Heimat geworden. Nur wenige Weiße hatten diese Gegend je betreten.

Allein den Schwarzen war Mandevus Hütte bekannt – und den wilden Tieren. Gewiss, Behörden wussten um seine Existenz, aber das war auch alles. Nie hatte es ein weißer Beamter gewagt, Mandevus abgelegene Einsiedelei zu besuchen. Es wäre wohl auch zwecklos gewesen, denn der Alte wich jedem weißen Gesicht aus. Versteckte sich, wenn er Europäer kommen sah.

Man nannte ihn einen Sonderling, einen Weltverachter, einen verschrobenen Kauz.

Anders beurteilten ihn die Schwarzen. Sie waren es, die ihm Erdnüsse brachten, Milch und Amabele (Hirsekorn). Ohne ihre Hilfe war seine Behausung überhaupt nicht zu erreichen. Seine Hütte lag auf einer felsigen Bergkuppe, zwischen gigantischen Steinquadern eingekeilt; sie schaute weit übers Land, ohne sich selbst zu verraten. So gut war sie der Landschaft angepasst. Ein Kral wie alle anderen auch; nichts deutete darauf hin, dass hier ein Weißer wohnte.

Aber auch die Eingeborenen besuchten nur selten die Hütte Mandevus. Sie wussten, dass er die Einsamkeit liebte.

Man erzählte sich seltsame Dinge über diesen weißhaarigen Greis. Die einen sagten, er bete Tag und Nacht; andere meinten, er trage stets eine Perlenschnur bei sich; wieder andere behaupteten, er lese sehr viel in dicken Büchern. Alle versicherten, er sei ein Mensch mit einem guten Herzen und von großer Weisheit.

War jemand im Dorf krank, dann war es Mandevu, den man zunächst um Rat anging. Selbst Zauberer und Medizinmänner mussten vor seiner Autorität kapitulieren.

Was den Erwachsenen im Allgemeinen verwehrt blieb – die Hütte des Alten zu betreten –, war ein Vorrecht der Kinder. Sie waren eigentlich immer willkommen. Oft saßen sie stundenlang bei ihm und lauschten den Erzählungen und Geschichten, die er in ihrer Muttersprache zum Besten gab. Ach, wie interessant Mandevu zu plaudern verstand!

Immer und immer wieder forderten ihn die Kinder auf, neue Geschichten zu erzählen. Fragte man sie, was der Alte ihnen denn immer zu sagen habe, so klatschten sie meist fröhlich in die Hände und sagten: Herrliche Dinge!

Große Bestürzung überkam die Eingeborenen, als eines Tages die Kinder von der Einsiedelei heimkehrten und erzählten, Mandevu sei nicht mehr da.

Rasch machten sich die Männer und älteren Burschen auf den Weg. Als sie die Hütte erreicht hatten, fanden sie das Tor verschlossen. Sie brachen den Riegel auf und erschraken heftig: Auf einer Strohmatte lag Mandevu, bleich, mit eingefallenen Wangen und halb offenem Mund, lächelnd, neben ihm ein abgegriffenes Buch. Einer der Männer griff danach, blätterte ein wenig und legte es wieder aus der Hand; er konnte es nicht lesen. War's eine Geheimsprache der Weißen?

Als die umliegenden Kraldörfer vom Tod Mandevus erfuhren, herrschte große Trauer. In einer langen Prozession, weinend und klagend, zogen die Trauernden zum Berggipfel hinauf. Tausende gaben ihm das letzte Geleit. Die Schwarzen weinten um ihren weißen

Freund. Kein Europäer war zugegen; kein Zeitungsreporter, kein Farmer – keiner hatte vom Tod des Alten erfahren. Noch nicht.

Es vergingen Wochen, bis Polizisten die Hütte Mandevus inspizierten. Suchten sie nach Geld, nach heimlichen Schätzen? Mandevu hatte keine Schätze – weder Gold noch Elfenbein. Was er besaß, lag frei und offen in seiner armseligen Hütte: zwei verbeulte Essnäpfe, ein paar ausgetretene Sandalen, abgetragene Decken, zwei, drei Bücher …

Unter dem Grasdach fand man ein dickes Notizbuch. „Wird wohl ein Tagebuch sein", meinte einer der Polizisten. Er blätterte, schüttelte den Kopf und brummte zu seinem Kollegen hin: „Scheint eine slawische Sprache zu sein, wahrscheinlich Russisch!"

War der Alte am Ende gar ein Spion? Niemand wagte diese Frage auszusprechen.

Die Polizisten nahmen das Tagebuch mit; in der Zentrale informierten sie ihren Chef. Der ließ einen Experten kommen. Jetzt wurde das Geheimnis des seltsamen Greises gelüftet: Seine Tagebuchnotizen, in polnischer Sprache geschrieben, erzählten sein früheres Leben – das eines berühmten Adeligen, der seine Heimat verlassen hatte, weil er in der Einsamkeit Gott dienen wollte. Nach langen Irrfahrten hatte er das Innere Afrikas erreicht. Damals war der Schwarze Erdteil noch ein Tummelplatz wilder Tiere. Der weiße Mann war gerade dabei, das Land zu erschließen.

Anfangs lebte er völlig abgeschlossen. Später, als die Schwarzen zutraulicher wurden, gewann er deren Vertrauen und genoss alsbald das Ansehen eines väterlichen Ratgebers und Arztes.

Warum war er nach Afrika gekommen? Eine seiner letzten Tagebucheintragungen lässt es erahnen: „Nun bin ich alt und wackelig. Bald werde ich dem Tod in die Augen schauen. Ich sterbe in einem fremden Land – fern meiner Heimat. Aber nicht in der Fremde. Afrika bedeutete mir mehr als meine Heimat. 60 Jahre meines Lebens habe ich hier verbracht. Afrika war mir Weg zum Ziel, Brücke zum Leben. Ich habe dieses Land lieb gewonnen, weil seine Menschen mich interessierten. Ich habe die Menschen geliebt; ich habe in der Wildnis gelebt, aber nicht unter Wilden. Ich war ihnen Vater und Freund und sie, vor allem die Kleinen, erfreuten mein altes Herz.

Ob ich sie zu besseren Menschen gemacht habe? Ich weiß es nicht. – Ich habe keinen getauft, keinen bekehrt. Aber wenn sie sich in fünf oder zehn Jahren noch an mich erinnern und wenn sie das eine oder andere Wort, das ich ihnen mit auf den Weg gegeben habe, beherzigen, habe ich erreicht, was ich tun wollte. Dann war auch mein Leben nicht umsonst …"

Mandevu war der erste Weiße, dem die Schwarzen rückhaltlos vertrauten.

Jahrzehnte nach seinem Tod rankten sich Dutzende von Sagen um ihn. Und wer Afrika kennt, weiß, dass auch die Schwarzen der kommenden Generationen die Legenden um Mandevu ihren Kindern und Kindeskindern weitererzählen werden …

Adalbert Ludwig Balling

Was uns Sterbebildchen sagen können

Als Kind habe ich Heiligenbildchen gesammelt und sie sehr geliebt und geehrt. Jetzt, im Alter, sammle ich Sterbebildchen, die ich genauso in Ehren halte. Ich werfe kein Bildchen, das ich erhalte, weg, sondern reihe es in meine Sammlung ein. Ein großer Stapel ist es schon geworden, wenn man diesen etwas respektlosen Ausdruck für eine solche Sammlung verwenden darf.

Auf den allermeisten Sterbebildchen ist die/der Verstorbene abgebildet. Unter der Abbildung stehen außer dem Namen auch das Geburts- und Sterbedatum, zusammen mit dem Ort der Geburt oder des Todes und dem Beruf. Ab und zu findet sich auf dem Sterbebildchen auch ein kurzer Lebenslauf, fast immer ein Gebet und ein frommer Wunsch wie: „Herr, gib ihr/ihm die ewige Ruhe".

Anders als auf einer Todesanzeige fehlen die Namen der trauernden Angehörigen. Der Tote ist allein auf dem Sterbebildchen. Der

Ehegatte, die Kinder und die Enkel werden nicht erwähnt, zumindest nicht ihre Namen.

Bei den meisten Sterbebildchen – seien es doppelte oder einfache – finde ich außer dem Bildnis des Toten noch ein weiteres Bild: das Bild des gekreuzigten Jesus oder das des auferstandenen Christus oder auch das Bild der Schmerzensmutter Maria, die Pieta mit dem toten Sohn auf dem Schoß. Wohl noch nie waren das Gesicht des Verstorbenen und das Bild Christi (mit seiner Mutter) auf so kleinem Raum – einem Stückchen Papier – so eng beieinander.

Das ist des Nachdenkens wert. Beide Gesichter – das des Verstorbenen und das des Gekreuzigten (Auferstandenen) – gehören auf dem Sterbebildchen zusammen. Sie sind wie eine Klammer, wie Vorder- und Rückseite, wie Wappen und Zahl bei einer Münze. Auch wenn jeder „seinen eigenen Tod" bestehen muss, auch wenn kein Angehöriger die letzte Schwelle mit dem Sterbenden überschreiten kann, so stirbt letztlich doch keiner allein.

Auf dem Sterbebildchen sind der gekreuzigte (auferstandene) Jesus und seine Mutter gleichsam die nächsten Angehörigen des Verstorbenen geworden. Die noch lebenden Hinterbliebenen treten zurück. Es gilt, was der Apostel Paulus einmal an die Römer geschrieben hat, dass wir im Tod dem Bild des Sohnes gleichgestaltet werden – ein Vorgang, der in der Taufe begonnen hat und in der Ewigkeit vollendet wird.

Reinhard Abeln

Zum Nachdenken

Der Tod ist ein eig'ner Mann.
Er streift den Dingen dieser Welt
die Regenbogenhaut ab
und schließt das Herz
zur Nüchternheit auf.
Matthias Claudius

Der Tod schließt die Augen
und den Mund
und öffnet die Schränke
ohne Schlüssel.
Polnisches Sprichwort

Der Tod frisst alle Menschenkind,
fragt nicht, wes Stands sie sind.
Volkstümlicher Spruch

Über allen Gipfeln ist Ruh,
in allen Wipfeln spürest du
kaum einen Hauch;
die Vögelein schweigen im Walde.
Warte nur, balde
ruhest du auch.
Johann Wolfgang von Goethe

Leben? Wohl dem, dem es spendet
Arbeit, Freude, täglich Brot.
Doch das Beste, was es sendet,
ist das Wissen, dass es endet,
ist der Ausgang, ist der Tod.
Theodor Fontane

Alles hat schon den Tod in sich,
wenn es geboren wird.
Karl Rahner

Der Tod ist nicht ein Ereignis.
Er ist umfassende Ordnung
und sein Abglanz
ruht auf jedem Wandel,
jedem Untergang, jedem Schlaf
und jedem Abschied.
Er, als Gesetz, bestimmt auch
die Farbe des Erlebens des Lebenden –
es ist die Farbe des Leidens …
Victor von Weizsäcker

Im Tod ist Leben

Nein, der Tod ist es nicht,
der mich erschreckt.
Er scheint mir fast süß zu sein,
weil er mit dem Leben
in Verbindung steht.

Antoine de Saint-Exupéry

„Ich gehe ins Leben"

Es gibt Menschen,
die sind von ihrem Glauben so
überzeugt, dass auch noch so harte
Prüfungen und Schicksalsschläge
sie nicht aus dem Gleichgewicht
bringen können.
Die großen Märtyrer der Christenheit
waren solche Gestalten.
Aber Märtyrer dieser Art
gab's und gibt es
auch in unserer Zeit,
nicht nur im Ur-Christentum.
Glaubenszeugen gab's in den KZ's des
Hitlerregimes! Wer denkt da nicht
an Maximilian Kolbe,
Edith Stein,
Alfred Delp,
Engelmar Unzeitig,
Max Josef Metzger,
Titus Brandsma,
Karl Leisner u. v. a.?

Auch im kommunistischen Russland
gab und gibt es Glaubenszeugen.
Ein orthodoxer Bischof, der
von russischen Soldaten zu Beginn
der Oktober-Revolution (1917)
erschossen werden sollte,
rief den Milizen zu:
„Lebt wohl, ihr Toten! Ich gehe
ins Leben."
– Die Soldaten hatten große „Not",
angesichts solcher
Glaubensüberzeugung,
ihren Befehl auszuführen …

Adalbert Ludwig Balling

Was ist das Leben?

An einem schönen Sommertage war um die Mittagszeit eine Stille im Wald eingetreten. Die Vögel steckten ihre Köpfe unter die Flügel. Alles ruhte. Da steckte der Buchfink sein Köpfchen hervor und fragte: Was ist das Leben?

Alle waren betroffen über diese schwere Frage. Eine Rose entfaltete ihre Knospe und schob behutsam ein Blatt ums andere heraus. Sie sprach:

Das Leben ist eine Entwicklung.

Weniger tief veranlagt war der Schmetterling. Lustig flog er von einer Blume zur anderen, naschte hier und dort und sagte: Das Leben ist lauter Freude und Sonnenschein.

Drunten am Boden schleppte eine Ameise einen Strohhalm, zehnmal länger, als sie selbst war, und sagte:

Das Leben ist nichts als Mühe und Arbeit.

Geschäftig kam eine Biene von einer honighaltigen Blume zurück und meinte:

Das Leben ist ein Wechsel von Arbeit und Vergnügen.

Wo so weise Reden geführt wurden, steckte auch der Maulwurf seinen Kopf aus der Erde und sagte:

Das Leben ist ein Kampf im Dunkel.

Die Elster, die selbst nichts weiß und nur vom Spott der anderen lebt, sagte:

Was ihr für weise Reden führt! Man sollte wunder meinen, was ihr für gescheite Leute seid!

Es hätte nun fast einen großen Streit gegeben, wenn nicht ein feiner Regen eingesetzt hätte, der sagte:

Das Leben besteht aus Tränen, nichts als Tränen.

Dann zog er weiter zum Meer. Dort brandeten die Wogen und warfen sich mit Gewalt gegen die Felsen, kletterten daran in die Höhe und warfen sich dann wieder mit gebrochener Kraft ins Meer zurück und stöhnten:

Das Leben ist ein stetes, vergebliches Ringen nach Freiheit.

Hoch über ihnen zog majestätisch ein Adler seine Kreise, der frohlockte:

Das Leben ist ein Streben nach oben.

Nicht weit davon stand eine Weide, die hatte der Sturm schon zur Seite geneigt.

Sie sprach:

Das Leben ist ein Sich-Neigen unter eine höhere Macht.

Dann kam die Nacht …

Im lautlosen Flug glitt ein Uhu durch das Geäst des Waldes und krächste:

Das Leben heißt, die Gelegenheit nutzen, wenn die anderen schlafen.

Schließlich wurde es still im Walde.

Nach einer Weile ging ein Mann durch die menschenleeren Straßen nach Hause. Er kam von einer Lustbarkeit und sagte so vor sich hin:

Das Leben ist ein ständiges Suchen nach Glück und Erfolg sowie eine Kette von Enttäuschungen.

Auf einmal flammte die Morgenröte in ihrer vollen Pracht auf und sprach:

Wie ich, die Morgenröte, der Beginn des

kommenden Tages bin, so ist das Leben der Anbruch der Ewigkeit.

Schwedisches Märchen

Der greise Südsee-Insulaner

Da war einmal ein alter Mann in der Südsee, seit Jahren krank und hilflos. Eines Tages
schleppte er sich mühsam auf die Veranda seiner Grashütte, rief alle Dörfler zusammen und
begann, ein langes Lied zu singen, den Preis-
gesang seines Lebens. Er erzählte seinen Mitmenschen von all den vielen guten und schönen Dingen, die er im Laufe der Jahrzehnte
hatte erleben dürfen.

Gebannt lauschten die Inselbewohner dem
Alten. Als er geendet hatte, legten sie ihn in die
Hütte zurück und flüsterten untereinander:
Seine Seele ist im Aufbruch!

An jenem Abend brachte ihm der Missionar von der benachbarten Station einen Teller
Suppe, einen ganz großen Teller voll dampfen-
der Bohnensuppe. Der Greis griff zu; die Suppe schien ihm zu schmecken.

Als er fertig war, wischte er mit der Linken über die Lippen, schmatzte zufrieden und
legte den Löffel auf die Erde. Es sei das beste

Süppchen gewesen, das er je gegessen habe, beteuerte er. Dann lehnte er sich zurück – und schlief ein. Er erwachte nicht mehr.

Der Mariannhiller Pater, der mir diese Geschichte erzählte, war so gepackt, dass er vergaß, dem Alten die Sterbesakramente zu spenden. Im Nachhinein meinte er: Ein Mensch, der am Ende seines Lebens seinem Schöpfer so froh und glücklich zujubelt, braucht keinen Trost mehr!

Adalbert Ludwig Balling

Warum leben?

„Warum werden wir geboren, wenn wir doch sterben müssen?", fragt mich ein elfjähriger Junge. – Ich antworte ihm mit anderen Fragen: „Warum bereitet deine Mutter ein schönes Essen, wenn es doch verzehrt wird? – Warum sät der Bauer im Frühjahr aus, wenn er im Herbst die Frucht aberntet? – Warum entspringt der Fluss als Quelle, wenn er doch ins Meer wieder einmündet? – Warum verloben sich zwei junge Leute, wenn sie kurze Zeit später doch heiraten? – Warum startet ein Marathonläufer, wenn er bald darauf ans Ziel kommt? – Warum beginnen wir morgens eine Wanderung, wenn wir abends wieder nach Hause kommen? – Warum gehen wir zur Schule, wenn wir sie eines Tages beenden? – Warum waschen wir uns, wenn wir doch wieder dreckig werden? – Warum stehen wir morgens auf, wenn wir abends doch zu Bett gehen? – Warum blüht eine Sommerblume auf, wenn sie doch bald verwelkt?"

Da unterbricht mich der Junge und sagt: „Jetzt verstehe ich, unser Leben ist nicht sinnlos, weil es begrenzt ist. Es zielt auf einen Sinn und eine Vollendung hin."

„Das Wichtigste ist, dass wir zwischen Geborenwerden und Sterben das ausleben, wofür wir geschaffen sind. Gott hat uns zur persönlichen Beziehung mit ihm bestimmt, und wenn wir unser Leben mit Gott leben, reift es aus zu einer wunderbaren Frucht für Gott! Dann ist das Sterben nicht das schreckliche Ende, sondern die glückliche Vollendung eines sinnvollen Lebens!", erkläre ich ihm dann. Nachdenklich geht der Junge davon.

Lassen wir uns keine Ruhe, bis wir diesen Sinn wiederfinden, auszureifen für Gott!

Reinhard Abeln

Brief an den verstorbenen Vater

Frau R. H. schrieb einen Brief an ihren soeben verstorbenen Vater, noch bevor dieser zu Grabe getragen wurde:

„86 Jahre lang hast du dich in den Dienst des Lebens gestellt. Ehe dein Leib der Erde übergeben wird, möchte ich dir danken. Danken für vieles. Du versuchtest stets dein Bestes in liebender Fürsorge für uns alle. Dein Tod ist wie das Öffnen und Schließen einer Tür zwischen den Räumen im Hause unseres himmlischen Vaters. Der Tod ist wie ein Atem-Anhalten und Atem-Holen in der fortwährenden Brandung der Wellen gegen die Felsen der Ewigkeit.

Wenn es uns auch jetzt noch nicht gelingt, die Weite und Zeitlosigkeit des Lebens zu begreifen, so dürfen wir doch im Glauben sicher sein: Wir werden getragen von Gottes unerschöpflicher Liebe. Er hat uns ins Leben geliebt, hat uns den Weg bereitet. Er weiß, wenn ein Sperling vom Dach fällt. Er weiß auch um unsere Not. Wir dürfen sicher sein, dass auch unsere Lieben ihm viel bedeuten. Deshalb mein festes Vertrauen, auch an deiner Bahre.

Wir, die Hinterbliebenen, haben das Gefühl, nicht genug gegeben zu haben. Aber wir vertrauen auf Gottes Liebe, die dich, lieber Vater, auffängt und trägt. Gott ist ein Gott der Liebe. Gott ist Leben. Und der Tod ist nur ein Zwischenakt in der ewigen Entfaltung des Lebens. Wir alle fühlen uns mitgetragen von der liebevollen Güte und Weisheit Gottes."

Adalbert Ludwig Balling

Mitten im Leben

Mitten wir im Leben sind
mit dem Tod umfangen.
Wer ist, der uns Hilfe bringt,
dass wir Gnad erlangen?
Das bist du, Herr, alleine.
Uns reuet unsre Missetat,
die dich, Herr, erzürnet hat.
Heiliger Herre Gott,
heiliger starker Gott,
heiliger barmherziger Heiland,
du ewiger Gott,
lass uns nicht versinken
in des bittern Todes Not.

Salzburg 1456

Kein Leben ohne Hoffnung

Ich möchte sagen,
dass alle diejenigen
auch für dieses Leben
tot sind,
die kein anderes
erhoffen.

Johann Wolfgang von Goethe

Das Gleichnis von der Seidenraupe

Eines Tages besuchte ein Seidenraupenzüchter in seinem großen Leid einen alten weisen Mönch im benachbarten Kloster. Er wollte von dem Gottesmann Auskunft über den Tod haben.

Der Mönch antwortete: „Tod? Es gibt keinen Tod. Der Tod ist tot! Weißt du das nicht?" – Wie er das meine, fragte der Seidenraupenzüchter; er verstehe ihn nicht! Erst gestern sei sein Sohn gestorben!

Der greise Mönch lächelte freundlich, beugte sich zum Seidenraupenzüchter hinunter und sagte in väterlich-gütigem Ton: „Hör gut zu, was ich dir sagen will! Du kennst deine Raupen: Sie leben und nach einer Weile spinnen sie sich ein und du siehst ihren Kokon. Und nach wieder einer Weile steigen aus dem Kokon hauchzarte Schmetterlinge, farbige Wunder der Natur! Und jedes Mal – als Raupe, als Kokon und als Schmetterling – sind es dieselben Kreaturen!"

Der Seidenraupenzüchter nickte; er hatte begriffen, noch ehe der Mönch fortfuhr: „So suche nun auch du das neue Angesicht deines Sohnes und du wirst ihm nahe sein und viel Freude haben. Denn der Tod wird nicht mehr sein …"

Adalbert Ludwig Balling
(Nach einer Parabel aus China)

Im Vertrauen auf Gott

Ich muss mich mit dem Gedanken
an den Tod vertraut machen,
und zwar so, dass mein Leben
dadurch noch fröhlicher,
noch beweglicher, noch arbeitsamer wird.

Das Leben, das mir verbleibt,
soll nichts als eine
gelassen-heitere Vorbereitung
auf den Tod sein.
Ich nehme ihn an und erwarte ihn
im Glauben und Vertrauen.

Vertrauen, nicht in mich selbst,
denn ich bin ein armer Sünder,
aber in die unendliche
Barmherzigkeit des Herrn,
dem ich alles verdanke,
was ich bin und habe.

Johannes XXIII.

Friedhofsbesuche

Er geht regelmäßig zweimal die Woche zum Friedhof. Besucht das Grab seiner Schwester.

Was ihn schmerzt: Man weiß nicht, auch nach Jahren noch nicht, wie sie ums Leben gekommen ist. Man fand sie, ihre Leiche, im Fluss. Vier Wochen nach ihrem mysteriösen Verschwinden. Spuren, die auf einen gewaltsamen Tod hätten schließen lassen, fand man nicht. War's Selbstmord?

Jeder, der sie kannte, schüttelt den Kopf: Sie war ein feines Mädchen. Immer schick gekleidet. Adrett. Immer freundlich. Alle mochten sie. Sie strahlte etwas Lebensbejahendes aus. Was war's dann?

Er – der Bruder – redet nur ungern darüber: Sie hatte zu trinken begonnen. Immer häufiger. Und fast immer heimlich.

Waren es Depressionen, die sie dazu geführt hatten? War sie übers Ufer gestolpert? Oder wurde sie gestoßen? Von wem?

Er wird es wohl nie erfahren. Und er leidet

sehr darunter. Macht sich Vorwürfe: War er nicht doch mit-schuld? Hätte er nicht liebevoller zu seiner Schwester sein sollen? Deshalb also die häufigen Besuche auf dem Friedhof. Er redet gern mit seiner toten Schwester, sagt er. Er erzählt ihr von seinen Sorgen. Wühlt in der Vergangenheit. Rekonstruiert gemeinsame Erlebnisse. Sucht Mitleid, Verständnis, Verzeihung. Er hält, fast möchte man sagen, ganz bewusst, die Wunde offen.

Wäre es nicht besser, einfach zu vertrauen? Zu vertrauen, dass der Herr über Leben und Tod auch bei seiner Schwester Nachsicht walten lässt!?

Adalbert Ludwig Balling

Ein Greis namens Simeon

Der greise Simeon: So kennen wir den Mann, der zum Alten wie zum Neuen Testament gehört. Dieser gerechte und gottesfürchtige Mann wartete wie viele Menschen in Israel auf den Messias. Er hatte durch Gottes Stimme verstanden, dass er nicht sterben werde, ohne den Messias gesehen zu haben.

Nun ist er alt geworden. Seine Stunde, vom Leben Abschied zu nehmen, ist immer näher gerückt. Wie oft ist er hoffend und bangend in den Tempel gegangen und hat sich gefragt: Werde ich das wirklich noch erleben können?

Doch Simeon hat nicht resigniert. Er hat nicht aufgehört, der Stimme Gottes zu folgen. So kommt er wieder einmal in den Tempel. Dieses Mal trifft er dort eine junge Mutter mit ihrem Neugeborenen, erst ein paar Wochen alt.

Sein Leben liegt hinter ihm. Doch Simeon schaut nicht zurück. Er nimmt das Kind in seine Arme und sieht die Hoffnung seines ganzen

Lebens erfüllt. „Jetzt", sagt er zu Gott, „jetzt lässt du, Herr, deinen Knecht in Frieden scheiden" (Lk 2,29). Jetzt ist die Zeit, die Mitte der Zeit, in der Vergangenheit zur Zukunft wird.

Dieses Jetzt ist für Simeon der Augenblick Gottes, die Erfüllung seiner Erwartung und seine ganze Hoffnung. Er schaut nicht mehr fragend und unsicher auf das Morgen. Jetzt, in diesem kleinen Lebewesen, in dem so gar nichts Außergewöhnliches zu sehen ist, erkennt Simeon, dass Gott für die Menschen sorgt, dass er sie nicht alleinlässt, sondern ihnen Licht gibt auf ihrem Weg und heil macht, was verwundet ist.

Darüber staunen selbst Maria und Josef.

Reinhard Abeln

Auf dem Sterbebett

Ein 96 Jahre alter
Schäfer wurde auf dem Sterbebett
gefragt, wie ihm denn sein Leben
vorgekommen sei.
Der greise Hirte räusperte
sich ein paar Male und sagte dann:
„Wissen's, des war grad so,
als ob i a bissle vom Fenster nausguckt
hätt!
Für an ganz kurzen Augenblick –
oder wia wenn a kloina Wind den Baum
da drüben ein wenig bewegt hätt –
oi, zwoi Sekunde long …"

Adalbert Ludwig Balling

Leben und Tod sind eins

Leben und Tod sind eins,
so wie Fluss und Meer
eins sind.
In der Tiefe unseres Hoffens
und Wollens liegt unser
stillschweigendes Wissen
um das Jenseits.
Khalil Gibran

Wir leben das Leben besser,
wenn wir es so leben,
wie es ist,
nämlich befristet.
Dann spielt auch die Dauer
der Frist keine Rolle,
da alles sich
an der Ewigkeit misst.
Peter Noll

Wir gehen,
wenn wir sterben,
dem Leben entgegen.
Charles de Gaulle

Häuptling über Leben und Tod

In Kenia erzählte mir ein Missionar von seiner Informationsreise (im Auftrag der Caritas) in den Norden des Landes. Dort herrschte große Hungersnot.

Zwei feindliche Stämme lagerten nebeneinander, hockten sich wie Phalanxen gegenüber: vorn die Männer mit Keulen und Speeren, dahinter Frauen, Kinder und alte Leute.

Unser Lastwagen voller Lebensmittel, berichtete der Pater, war für beide Stämme bestimmt; jeder sollte die Hälfte erhalten. Das Verteilen übernahm der jeweilige Häuptling auf sehr souveräne Weise: Er schritt durch die eigenen Reihen, deutete hin und wieder auf jemanden und stellte nüchtern fest: „Du bist zu schwach, zu alt, du kriegst nichts mehr … Du, o.k., du darfst dir etwas holen. Nein, du nicht, aber dein Nebenmann …"

Der Häuptling entschied über Leben und Tod.
Wer nichts bekam, war zum Tod verurteilt …

Eine erschütternde Geschichte!
Wir schütteln die Köpfe ob dieses grausamen
Bildes afrikanischer Wirklichkeit. Aber was
hätten die beiden Häuptlinge anderes tun können? Mussten sie nicht so verfahren, sollten
ihre Stämme überleben?

Erstaunlich: Jene, die zurückbleiben mussten
– hungrig, dem Tod überlassen –, murrten
nicht. Sie nahmen das Los an; sie waren bereit
zu sterben, damit die anderen, die kräftigeren,
die jüngeren Stammesleute überlebten.

Auch dazu gehört Kraft.
Ich weiß nicht, ob es die bloße Schicksals-
gläubigkeit schafft, Menschen so denken und
fühlen zu lassen. Wahrscheinlich nicht. Eine
tiefere Idee muss wohl dazukommen: der un-
verbrüchliche Glaube an den Stamm als Ganzen, der fortleben muss um jeden Preis!

Wir kennen andere Beispiele aus der Geschichte, wo Menschen freiwillig in den Tod gingen – für einen oder mehrere Mitmenschen. Etwa der polnische Franziskaner Maximilian Kolbe, der im KZ für einen zum Tod verurteilten Familienvater einsprang. (Bei der Seligsprechung des Paters in Rom war übrigens der auf diese Weise gerettete Familienvater dabei!)

Ein anderes Beispiel – über 2000 Jahre alt: Christus nahm Schmach und Kreuzestod auf sich, damit wir zu Gott zurückfänden. Und wie hieß es damals? Es sei besser, ein Mensch sterbe, als dass ein ganzes Volk zugrunde gehe.

Gott hat es zugelassen – aus Liebe zu uns!

Adalbert Ludwig Balling

Der Tod hat keine Hände

Einem afrikanischen Christen wurde seine siebzehnjährige Tochter durch den Tod genommen. Trauer erfüllte die ganze Familie. Aber sie waren auch getröstet durch die Hoffnung auf ein ewiges Leben. Auf das Grab der Tochter setzte der Vater ein schlichtes Holzkreuz und schrieb die Worte darauf: „Der Tod hat keine Hände!"

Als der Missionar ihn fragte, was die Inschrift bedeuten solle, gab der Vater zur Antwort: „Ich weiß, dass mir der Tod mein Kind nicht wegnehmen und auf ewig festhalten kann, sondern ich werde es bei Jesus wiedersehen. Der Tod hat ja seit Ostern keine Hände mehr!"

Reinhard Abeln

Die Kunst der Künste

Es gibt viele Künste –
zum Beispiel die Kunst des Malens,
die Kunst des Modellierens,
die Kunst des Singens,
die Kunst des Redens,
die Kunst des Unterhaltens,
die Kunst des Schweigens,
die Kunst des Schreibens,
die Kunst des Liebens …

Am allerschwersten aber
– neben der Kunst zu leben –
ist die Kunst zu sterben.
Man muss sie recht-zeitig
und zeit-lebens
lernen!

Adalbert Ludwig Balling

Noch ein Stück zu leben

Hannelore Frank, eine evangelische Pastorenfrau, schrieb kurz vor ihrem Tod (sie starb 1973 im Alter von 46 Jahren), nie werde sie den Augenblick vergessen, als man ihr im Sanatorium sagte: „Sie haben nicht mehr lange zu leben!"

Eigentlich, so schreibt Frau Frank, hätte sie Angst haben müssen. Doch nichts von alledem. Es sei genau das Gegenteil gewesen – tiefer Friede und ein klares Wissen, die noch vorhandene Zeit zu nützen – „zum richtigen, vollen, erfüllten und herrlichen Leben".

Sie wusste, es würde ein Leben mit Schmerzen sein, aber wichtiger schien ihr: „Ich hatte noch ein Stück zu leben und dies Stück kam mir so kostbar vor, wie mir mein Leben noch nie vorgekommen war."

Lieber Leser, versetzen Sie sich einmal in die Lage dieser Frau. Schließen Sie die Augen und lassen Sie ein paar Gedankensplitter an sich vorbeisegeln: Falls die Tage, Wochen, Monate gezählt wären, falls der Arzt mit Sicherheit sagte: Frau X, Herr Mayr, Fräulein Z, ich kann es Ihnen nicht länger verheimlichen. Es steht schlimm um Sie. Gesund werden Sie nicht mehr, nicht mit natürlichen Mitteln. Wenn kein Wunder passiert … Also kurzum, Sie müssen sich damit abfinden. Ihr Leben nähert sich allmählich dem Ende …

Freilich, lieber Leser, welcher Arzt ist schon so brutal, werden Sie protestieren, welcher Arzt ist so grausam, einem Patienten diese schreckliche Wahrheit ins Gesicht zu schleudern? Wer könne schon so unmenschlich sein?

Frage an Sie: Ist es wirklich so unmenschlich, wenn einem jemand die Wahrheit sagt, die sich auf das eigene Leben, auf die Zeit des noch zur Verfügung stehenden Lebens bezieht?

Müssten wir nicht eher dankbar sein, wenn Ärzte und Krankenschwestern so offen reden?

Hannelore Frank, die Pastorenfrau auf Sylt, war dankbar für die klaren Worte im Sanatorium. Von Furcht und Angst keine Spur, schreibt sie. Eher Friede und der Wunsch, die noch verbleibende Zeit zu nützen. Sie empfand die vor ihr liegenden Wochen und Monate als etwas Großes, als ein echtes Geschenk. Als etwas ganz Kostbares!

Adalbert Ludwig Balling

Alles ist gut

Am letzten Tag meines Lebens,
wenn die Sonne endgültig
untergegangen ist
und ich hineingehe
in die Nacht des Todes,
will ich sagen, auch wenn
ich nicht mehr reden kann:
Alles ist gut.
Alles ist jetzt in Ordnung.
Ich bin nicht tot.
Ich bin nur unterwegs
zum anderen Ufer.

Phil Bosmans

Der Keim der Ewigkeit

Das Leben ist kurz,
aber von unendlichem Wert,
denn es birgt den Keim
der Ewigkeit in sich.

Franz von Sales

Glücklich ist einer …

der am Ende seines Lebens
die Worte wagt:
Ich bin dankbar,
dass ich geboren wurde;
es war schön,
so viele Menschen gekannt zu haben;
ich werde aller gedenken,
wenn ich das andere Ufer erreiche;

der – wenn auch mit Tränen
in den Augen – seinen Lieben
zum Abschied sagen kann:
Es war gut, wie es war.
Lebt wohl – und gedenket meiner!

der keine Langeweile kennt,
weil er mit denen zu plaudern versteht,
mit denen sich draht- und wortlos
so wunderbar reden lässt:
mit den verstorbenen Lieben.

Adalbert Ludwig Balling

Parabel von der Lieblichkeit
des Gottvertrauens

Zur Erläuterung der ehrfurchtgebietenden Lieblichkeit des Vertrauens in Gott und der Sinnlosigkeit jeglicher Verzweiflung berichtete meine Großmutter Lucy die jahrhundertealte Geschichte des Zimmermanns, den eines Abends auf seinem Heimweg ein Freund anhielt und fragte: „Mein Bruder, warum bist du so traurig?"

„Wärst du in meiner Lage, du empfändest wie ich", sagte der Zimmermann.

„Erkläre dich", sprach der Freund.

„Bis morgen früh", sagte der Zimmermann, „muss ich elftausendfünfhundertundelf Pfund Sägemehl aus Hartholz für den König bereit haben oder ich werde enthauptet."

Der Freund des Zimmermanns lächelte und legte ihm den Arm um die Schultern. „Mein Freund", sagte er, „sei leichten Herzens. Lass uns essen und trinken und den morgigen Tag vergessen. Der allmächtige

Gott wird, während wir ihm Anbetung zollen, statt unser des Kommenden eingedenk sein."

Sie gingen also zum Haus des Zimmermanns, wo sie sein Weib und Kind in Tränen fanden. Den Tränen ward Einhalt getan durch Essen, Trinken, Reden, Singen, Tanzen und all sonstige Art und Weise von Gottvertrauen und Güte.

Inmitten des Gelächters fing des Zimmermanns Weib wieder zu weinen an und sagte: „So sollst du denn, mein lieber Mann, in der Morgenfrühe enthauptet werden und wir alle vergnügen uns indessen und freuen uns an der Güte des Lebens. So steht es also."

„Denke an Gott", sprach der Zimmermann und der „Gottesdienst" ging weiter. Die ganze Nacht hindurch feierten sie. Als Licht das Dunkel durchdrang und der Tag anbrach, wurde ein jeglicher schweigsam und von Angst und Kummer befallen.

Die Diener des Königs kamen und klopften sacht an des Zimmermanns Haustür und

der Zimmermann sprach: „Jetzt werde ich sterben" und öffnete.

„Zimmermann", sagten sie, „der König ist
tot. Mache ihm einen Sarg."

Alte Parabel (William Saroyan)

Auferstehungsfeier besonderer Art

Auf einem Kalenderblatt fand ich einen kleinen Bericht über die Reise einer westdeutschen Schülergruppe nach Russland. Es war noch vor der großen politischen Wende. Der Lehrer, der die Jugendlichen begleitet hatte, schrieb später, unter anderem habe eine Auferstehungsfeier orthodoxer Christen einen besonders starken Eindruck bei den west-deutschen Schülern hinterlassen:

Die russischen Gläubigen hielten brennende Kerzen in ihren Händen und nickten immer wieder den Fremden freundlich zu. Echte Osterstimmung erfasste alsbald auch die deutschen Jugendlichen. Während der ganzen Liturgiefeier lagen zwei kurz vor Ostern Verstorbene in offenen Särgen, umgeben von einem Meer von Frühlingsblumen.

Der Lehrer berichtete weiter: Unser Blick hing an diesen beiden Toten, die ja Mitglieder dieser orthodoxen Gemeinde waren. Und wir alle, Schülerinnen wie Schüler, waren innerlich ergriffen und wohl auch sehr nachdenklich geworden. Die, die in ihren Särgen vor uns lagen, aber auch die gesamte Osterfeier machten es uns deutlich: Diese Verstorbenen waren nicht tot, sondern noch lebendig innerhalb der Gemeinde, wenngleich bereits heimgegangen in die bergende Nähe Gottes.

Adalbert Ludwig Balling

Ins Leben eintreten

Wohin können wir denn sterben,
wenn nicht in immer höheres,
größeres – Leben hinein?
Christian Morgenstern

Wenn ich an die großen Güter denke,
die meiner harren,
scheinen mir alle Leiden
dieser Erde nur wie ein Zeitvertreib.
Franz von Assisi

Ich sterbe nicht,
ich trete ein ins Leben.
Therese von Lisieux

Einsamer Toter?

Als Papst Paul VI. (1897–1978) starb, wurde die offizielle Totenmesse erstmals auf dem Petersplatz abgehalten. Viel Volk, viel Prominenz, viel „Kirchliches" hatte sich eingefunden, allen voran an die 100 Kardinäle.

An die 5000 italienische Polizisten kontrollierten, bewachten, beschützten, schirmten ab. Hubschrauber en masse waren im Einsatz. Die Entführung und Ermordung des Politikers Aldo Moro war noch frisch im Gedächtnis. Der linken Terroristen wegen durfte kein Risiko eingegangen werden.

Dennoch – ich erinnere mich noch im Detail an die gesamte Zeremonie – es sah alles etwas eigenartig aus: Hier lag der Mann, der den Frieden gepredigt, der wie kein anderer Mann seiner Zeit sich für ein friedliches Zusammenleben der Völker eingesetzt hatte – in einem einfachen Holzsarg auf dem weiten Petersplatz. Von Scharfschützen umstellt, in gebührendem Abstand, gewiss, und von 100.000 Gläubigen umgeben. Und ein Fernsehkommentator meinte denn auch: „Es scheint, als liege der tote Papst in undurchdringlicher Einsamkeit – einsam – inmitten von Hunderttausenden!"

Papst Paul VI. war wohl immer ein Einsamer. Zeitlebens. So auch nach dem Tod. Aber geht es letztendlich nicht jedem von uns so? Sind wir nicht alle Einsame? Einsame vor allem, wenn's zum Sterben kommt? Vor allem dann wäre es gut, an die Nähe derer zu glauben, die uns lieb und teuer sind. Heißt „Heim-gehen zu Gott" so viel wie: Nie mehr einsam sein müssen?

Adalbert Ludwig Balling

Der Tod kommt unerwartet

Laufe nicht der Vergangenheit nach!
Verliere dich nicht in der Zukunft!
Die Vergangenheit ist nicht mehr.
Die Zukunft ist noch nicht gekommen.
Es gilt, uns heute zu bemühen.
Morgen ist es schon zu spät.
Der Tod kommt unerwartet.
Wie können wir mit ihm handeln?
Jenen Menschen nennt man weise,
der es versteht, Tag und Nacht
in Achtsamkeit zu leben.

Roland Breitenbach

Aus dem Brief eines Verstorbenen

Eine große deutsche Tageszeitung druckte vor vielen Jahren einen außergewöhnlichen Brief ab, geschrieben von einem wenige Tage zuvor Verstorbenen. Die Todesanzeige befand sich auf der gleichen Seite – von Geschäftsführern, Verwaltungsräten und Belegschaften unterzeichnet.

Der Verstorbene war wohl ein einflussreicher Mann, eine Prominenz im Wirtschaftsleben. Aus seinem Abschiedsbrief: „Ungewöhnlich ist es sicherlich, wenn ich mich noch einmal an alle Freunde wende und an die Menschen, die mir begegnet sind. Unser aller Leben geht einmal zu Ende ... und wenn Sie diese Zeilen lesen, habe ich längst zum letzten Male tief und vernehmlich geatmet. Fertig sind wir nie, trotzdem müssen wir abtreten.

Niemand kann sich den Zeitpunkt wählen. Und so ist es gut, sich zur rechten Zeit darauf vorzubereiten, um nicht arg überrascht zu werden. Bedanken will ich mich bei allen

Menschen, die meinen Weg kreuzten – im Guten und im Nichtguten. Vielleicht haben sie heute Nachsicht mit mir und meinem mir in die Wiege gelegten Temperament ... Die vielen kleinen Unordentlichkeiten und Unberechenbarkeiten in so vielen Stunden und Tagen, die das Dasein erst so lebens- und liebenswert machten und mir die Menschen so nahe brachten, waren gleichwohl Versäumnisse – trotzdem durften sie in meinem bewusst gelebten Leben nicht fehlen. Ich hoffe, trotz allem einen gütigen und verständnisvollen Richter zu finden – denn nach christlicher Erkenntnis ist am Ziel unseres Erdenlebens unser Sein noch nicht zu Ende" (Willi M.).

Ich habe den Geschäftsmann nicht gekannt, aber ich könnte mir vorstellen, dass es vielen Zeitungslesern ähnlich ging wie mir. Hier bittet jemand – nicht mehr unter uns – um Verzeihung. Er lässt keinen Zweifel daran, dass er an einen gütigen und verständnisvollen Richter glaubt.

Anlass für uns, über die Letzten Dinge nachzusinnen, Gott zu bitten, uns die Einsicht zu schenken, dass am Ende nur das zählt, was wir vor ihm sind. Und dass es nie zu spät ist, sich zu ihm hin zu bekehren!

Albert Speer, 20 Jahre in Spandau inhaftiert, schreibt in seinen Tagebüchern, er habe nach den Erfahrungen und Einsichten, die er in jenen Jahren (als Hitlers Architekt und Rüstungsminister) gewonnen habe, gelernt, „dass alle historische Größe weniger ist als eine bescheidene Geste der Menschlichkeit, alle nationale Ehre, von der wir träumen, nichtiger als schlichte Hilfsbereitschaft".

Adalbert Ludwig Balling

Im Angesicht des Todes

Vor gut zwei Jahren starb eine junge Frau im 40. Lebensjahr. Diese Frau, M. A., war eine überaus engagierte und hilfsbereite Lehrerin in einem Behindertenheim. Mit Begeisterung und Leidenschaft leistete sie dort aus ihrem tiefen christlichen Glauben heraus viel Gutes. Aber auch ihre Familie, ihr Mann und die zwei Jungen, kamen nicht zu kurz.

Doch das all die Jahre harmonische Miteinander wurde jäh zerstört, als M. A. völlig unerwartet erkrankte. In den Untersuchungen stellte sich heraus, dass sie nur noch ein paar Wochen zu leben habe, wie ihr die Ärzte mitteilten.

Nach dem ersten Schock willigte die Lehrerin in die von den Ärzten verordnete Therapie ein. Doch das Entsetzen und die damit einhergehende Lebenslähmung hielten nicht lange an. Wie ein zartes, kaum wahrnehmbares Pflänzchen wuchs in M. A. wieder Lebenshoffnung. Sie wollte sich dem Tod stellen, mit ihm kämpfen.

Die Lehrerin wusste, dass es nur noch Wochen waren, die sie dem Tod, ihrem Tod, abtrotzen konnte. Aber sie hielt allein diese Aussicht für wertvoll. So krempelte sie ihr Leben um. Sie lebte bewusst, achtete genau auf ein ausgewogenes Essen und einen festen Tagesablauf.

Tatsächlich gelang es M. A., mit Hilfe ihres Glaubens, ihrer Ärzte und ihrer Angehörigen, die vorausgesagte Frist zu überleben. Ja, sogar ihre Werte wurden zusehends besser. Wie ein Wunder registrierten dies alle Menschen, die um die vierzigjährige Frau bangten.

Schon hatte M. A. die vorhergesagte Lebensfrist um ein halbes Jahr verlängern können. Nun plante sie mit ihrer Familie einen Urlaub. Stundenweise wollte sie sogar in ihren Beruf zurückkehren. Doch bald merkte sie, dass dies ihre Kräfte übersteigen würde.

Trotz aller Anstrengungen verdrängte M. A. nicht, dass alles, was sie tat, vielleicht ein letztes Aufbäumen war. Daher bereitete sie sich gewissenhaft auf den Tod, auf ihren Tod, vor: Sie las, sie sprach mit anderen darüber, sie betete. Mit den Ihren und mit Freunden feierte sie geradezu ausgelassen ihren 40. Geburtstag. Niemand dachte jetzt noch daran, dass sie sterben müsste – nur sie selbst.

Inzwischen hatte M. A. sogar ein ganzes Jahr überstanden. Jeden Tag erlebte sie froh und glücklich. Jeder Tag war für sie ein Geschenk. Wenn hier und da Schmerz, Trauer und Ängste auftauchten, stellte sie sich diesen. Immer wieder stand sie anderen Menschen, denen es schlechter ging als ihr, mit Rat und Tat zur Seite.

Um ihren Zustand zu stabilisieren, fuhr M. A. zur Kur. Sie verbrachte dort die ersten Wochen erlebnisreich und frohgemut. Doch plötzlich fiel sie ins Koma, denn im Gehirn hatten sich unerwartet Metastasen gebildet. Eine Notoperation rettete sie – aber nur noch für wenige Tage.

Vorbereitet starb sie zu Hause bei ihrem Mann und den Kindern mit einem Gebet auf den Lippen. M. A. war dem Tod nicht davongelaufen. Sie hatte sich ihm gestellt und ihm Monate, ja weit über ein Jahr abgetrotzt. Sie führte ein Leben aus der Hoffnung heraus. Selbst in der Todesstunde gab sie die Hoffnung nicht auf, die Hoffnung auf die Auferstehung der Toten.

Reinhard Abeln

Bei den Kikuyus in der Todeszelle

Der britische Schriftsteller Graham Greene erzählt in seinen Lebenserinnerungen (Fluchtwege, Zsolnay/Wien 1981), wie sehr er von den Kikuyus in Kenia beeindruckt gewesen sei. Einem Pater habe einer einmal gesagt: „Hat Gott nicht ein Land für jedes Volk gemacht, ob schwarz oder weiß, damit es dort lebt, und hat er nicht das Meer zwischen uns gelegt, damit keiner den anderen stört?"

Ein anderer Kikuyu sei zum Tod verurteilt worden (es war zur Zeit der berühmt-berüchtigten Mau-Mau-Aufstände!), weil man Sprengstoff bei ihm gefunden hatte. Ein Priester habe daraufhin die Frau des Verurteilten besucht, um sie zu trösten. Da habe die Afrikanerin geantwortet: „Meine Seele ist wie eine Uhr, deren Zeiger sich drehen und drehen, aber wenn er stirbt, wird sie da, an dieser Stelle, für immer stehen bleiben" – und sie zeigte auf die zwölfte Stunde.

Eigentümlich sei es auch gewesen, dass neun von zehn verurteilten Mau-Mau-Männern in der Todeszelle katholisch wurden. Vielleicht, meint Greene, lag es am irischen Priester, einer starken Persönlichkeit; er habe mitunter ganze Nächte bei den Verurteilten verbracht.

Einmal gab es einen Ausbruchsversuch aus der Todeszelle. Soldaten und Polizisten riegelten den Raum ab; Tränengas wurde eingesetzt; zuletzt gaben die Gefangenen auf – unter einer Bedingung: sie würden ohne jeden Widerstand sterben, wenn der katholische Priester zu ihnen hereingelassen würde; sie verlangten Bier und die Taufe! In der Tat – sie gingen gelassen und frohen Mutes in den Tod.

Licht und Schatten, so meditierte Greene später, hingen bei den Kikuyus von ihrer Einstellung zur Religion ab – und diese wurde ihnen vorgelebt von einem Menschen, der sie liebte. Der Priester in der Todesgrube hatte ihnen nicht nur den Glauben gepredigt, sondern auch praktiziert. Er hatte Rassenschranken ignoriert, Ängste und Nöte mit ihnen geteilt.

Wer erinnert sich da nicht an jenen anderen großen Missionar in Nordafrika, der keinen Menschen taufte, der auch gar nicht taufen wollte, wohl aber bereit war, sein ganzes Leben in den Dienst für den Nächsten zu stellen, der allein durch sein Dasein und So-sein missionierte? Ich meine Charles de Foucauld. Den Nomaden in der Wüste von Tamanrasset hat er nichts anderes „gepredigt" als: Ich liebe euch; ich bete für euch; ich teile eure Sorgen.

In einem seiner Briefe schrieb Foucauld einen Satz, der als Résümee seiner Lebenshaltung gelten dürfte: „Das Wort tut vieles. Beispiel, Liebe und Gebet tun tausendmal mehr!"

Adalbert Ludwig Balling

Zum Nachdenken

Wer selig stirbt, stirbt nicht.
Ein guter Tod gedeiht zum Leben
und macht die Seel in Freuden schweben
für Gottes Angesicht.
Dass alles fallen und vergehen,
wer Christo stirbt, bleibt ewig stehen.
Paul Gerhardt

Wir sind mitten im Sterben
zum Leben bestimmt;
was da fällt, soll erstehen.
Gott gibt, wenn er nimmt.
Lothar Zenetti

Für diese Welt
ist ein Leben zu Ende,
für den, der glaubt,
hat ein Leben begonnen.
Anton Kner

Woher kommt die Stimme,
die „Lebe" sagt?
Aus einen anderen Leben.
Samuel Beckett

Sterben ist nur ein Umziehen
in ein schöneres Haus.
Elisabeth Kübler-Ross

Die Botschaft des Christentums: das endzeitliche Glück

Die Zeit, Gott zu suchen,
ist das Leben,
die Zeit, Gott zu finden,
ist der Tod,
die Zeit, Gott zu besitzen,
ist die Ewigkeit.

Franz von Sales

Gott will das Leben – nicht den Tod

Es gibt heute eine große Gruppe von Skeptikern (Zweiflern), die der Überzeugung sind, man könne über das Schicksal des Menschen nach seinem Tod gar nichts aussagen. Man müsse die Frage unbeantwortet lassen, weil eine Antwort darauf nicht möglich sei.

Die Antwort des Christentums hingegen ist ein entschiedenes Ja: Der Mensch lebt weiter. Sein Tod ist kein Untergang, sondern ein Übergang, kein Ende, sondern eine Wende in eine neue Existenzweise. Gott will das Leben, nicht den Tod.

Der Mensch ist für das Bleibende geschaffen. Er ist nach der Bergpredigt einer, der immer dürstet nach Glück. Und dieser Durst wird einmal gestillt. Sonst hätte Gott den Menschen für ein bleibendes Unglück geschaffen.

Der Glaube gibt uns die Gewissheit, dass unsere Toten leben. Allerdings wissen wir von keinem mit Sicherheit, ob er die große Prüfung bestanden hat. Niemand kennt das Urteil, das

Gott über den Einzelnen gefällt hat und das er am Jüngsten Tag bekannt geben wird!

Von dem Erzbischof von Mailand und Gegenreformator Karl Borromäus wird berichtet, er habe einst einem Künstler den Auftrag gegeben, ein Bild des Todes zu malen. Nach einiger Zeit übergab ihm der Maler eine Skizze. Er hatte den Tod dargestellt als Skelett mit der Sense in der Hand. Aber damit war der Bischof nicht einverstanden. „So sollst du den Tod nicht malen", erklärte er bestimmt. „Stelle ihn dar als einen Engel mit einem goldenen Schlüssel in der Hand!"

Der Tod ist nicht nur das Ende der Lebensäußerungen des Menschen, nicht nur der Beginn des Zerfalls des menschlichen Leibes. Der Tod ist mehr. Er birgt in sich ein Geheimnis, ist ein Übergang, eine Verwandlung. Der Tod trägt in sich „den Keim der Ewigkeit", wie es in der Pastoralkonstitution „Gaudium et spes" heißt.

Der Tod ist nicht das Ende, sondern das Tor zum ewigen Leben. An diesem Tor wartet jemand auf uns. Wir haben ja auch oft in unserem Leben auf jemanden gewartet: auf die Heimkehr eines geliebten Menschen, auf die Rückkehr des Vaters oder des Bruders aus dem letzten Weltkrieg. Und manche Eltern warten häufig spätabends oder des Nachts auf ihre Kinder.

Wenn wir sterben, wartet Jesus Christus auf uns. Jesus hat das Totsein selbst erlebt und damit die zerstörerische Kraft des Todes gebrochen. Auf dem Grund der Tiefe des Todes finden wir sein und damit unser Leben. „In Christus haben wir den Tod besiegt", schreibt Jörg Zink, der bekannte evangelische Theologe. „Nun ist der Tod nur noch Durchgang, Pforte zu neuem, herrlichem Leben mit Christus."

Der Himmel wird das große, nicht mehr überbietbare Erlebnis sein, das auf uns zukommt. Wir werden erkennen, dass nichts im Leben umsonst gewesen ist. Wir überblicken das Panorama unseres Lebens, entdecken, dass Niederlagen und Misserfolge ihren tiefen Sinn hatten und haben. Die scheinbaren Zickzackwege waren die schnurgeraden Wege zur Herrlichkeit. Wir werden aufblühen. Die Zeit vergeht wie im Flug.

Eine mittelalterliche Legende erzählt von einem Mönch, der sich fragt, ob die Ewigkeit nicht langweilig sein müsse. Tief versunken geht er in den Wald und hört dort eine Nachtigall singen. Er lauscht gespannt. Nach einer Stunde kehrt er zum Kloster zurück; aber dort erkennt ihn niemand. Er nennt seinen Namen und den des Abtes; aber kein Mensch kann sich ihrer erinnern, bis man in den alten Chroniken nachschlägt und feststellt, dass tausend Jahre vergangen sind, seitdem er weggegangen war. Während er lauschte, hatte die Zeit für ihn stillgestanden.

Reinhard Abeln

„Gott wird alles gut machen"

Eine 80-Jährige wurde gefragt,
wie sie es schaffe,
trotz ihres Alters so jung zu bleiben.
Lächelnd antwortete sie:
Mein ganzes Geheimnis liegt darin,
dass ich immer etwas zu tun hatte,
immer gebraucht wurde
und für viele Menschen betete,
die selbst nicht zum Beten kamen …
Und sonst?
Ich versuchte zu lieben,
zu helfen,
zuzuhören,
zu verzeihen,
zu danken,
gut zu sein …
Und ans Sterben denken Sie nicht?
Doch. Täglich sogar.
Aber ich vertraue Gott,
dass er es gut machen wird –
und das macht mich mutig.

Ich freue mich darauf,
alle Verwandten, Bekannten und Freunde
im Himmel wiederzutreffen …

Adalbert Ludwig Balling

Weisheit der Schrift

Gott ist nicht ein Gott der Toten,
sondern der Lebenden.
Matthäus 22,32

Gott wird alle Tränen
von ihren Augen abwischen:
Der Tod wird nicht mehr sein,
keine Trauer, keine Klage, keine Mühsal.
Denn was früher war,
ist vergangen.
Offenbarung 21,4

Ich bin die Auferstehung
und das Leben.
Wer an nich glaubt,
wird leben,
auch wenn er stirbt.
Johannes 11,25

Ich bin gekommen,
damit sie das Leben haben
und es in Fülle haben.
Johannes 10,10

Leben wir, so leben wir dem Herrn.
Sterben wir,
so sterben wir dem Herrn.
Ob wir leben oder sterben,
wir gehören dem Herrn.
Römer 14,8

Über den Tod hinaus

Ein Mann kam in Kalkutta zu Mutter Teresa und erzählte ihr von seinem Kummer. Seine Frau war vor einiger Zeit gestorben. Er vermisste sie, weil sie einander so sehr geliebt hatten.

Mutter Teresa tröstete ihn: „Ihre Frau war eine so wunderbare Frau. Sie war zeitlebens in Ihrem Herzen. Jetzt ist sie zu Gott gegangen, also muss sie auch dort im Himmel in ihrem Herzen sein."

Der Mann bat Mutter Teresa, es ihm noch einmal zu sagen. Dann kehrte er glücklich und zufrieden nach Hause zurück.

Einmal wurde Mutter Teresa gefragt, wie es wohl im Himmel sein werde und wonach jeder von uns am Ende der Zeiten von Gott beurteilt werde.

Darauf antwortete die Ordensfrau:

„Ich weiß nicht, wie es im Himmel sein wird. Aber ich glaube, dass uns Gott, wenn wir

einmal von ihm gerichtet werden, nicht da-
nach fragt, wie viel gute Dinge wir in unserem
Leben getan haben, sondern nur, mit wie viel
Liebe wir sie getan haben."

Reinhard Abeln

„Trägt man im Jenseits das Futter nach außen?"

„Der Mädchenkrieg" von Manfred Bieler ist nicht nur ein dickleibiger (weit über 500 Seiten), sondern auch ein literarisch interessanter Roman. Herr Sixta, eine der Romanfiguren, schreibt in einem Brief an Sophie während ihres Klosteraufenthaltes:

„Ich fürchte den Tod, weil er das Ende meiner Liebe bedeutet. Wo ist die Liebe in meinem Tod? Vielleicht bin ich im Sterben bei mir selbst – aber genüge ich mir dann auch? Oder gleicht der Tod der Erschaffung der Welt? Ist er wie der Anfang unseres Lebens, als wir auch mit uns allein waren? Stirbt man, wie man einen Handschuh wendet? Trägt man im Jenseits das Futter nach außen? Fragen Sie, bitte, Ihren Beichtvater! Ich würde es gern wissen."

Wie Sixta haben schon Millionen und Abermillionen Menschen gefragt. Vielleicht nicht so gebündelt, nicht so bohrend – aber auf irgendeine Weise fragt jeder Mensch danach, wie es im Jenseits aussehen könnte: Ist es Ende oder Anfang, lässt sich mit dem Tod alles wie ein Handschuh umdrehen, wird dann das Äußere innen und das Innere außen getragen? Müßige Fragen. Denn niemand kann darüber Auskunft geben.

Und jene, von denen uns in der Heiligen Schrift berichtet wird, jene wenigen, die wieder zum Leben erweckt wurden, nachdem sie bereits gestorben waren – ich denke an Lazarus, den jungen Mann von Naïn, die Tochter des Jaïrus –, sie haben uns keinerlei Aufschlüsse hinterlassen.

Niemand weiß also zu sagen, was der Tod für uns bereithält; nur jene ahnen es, die an die Botschaft der Evangelien glauben, die die Worte Christi ernst nehmen: „Ich bin die Auferstehung und das Leben. Wer an mich glaubt, wird leben, auch wenn er gestorben ist; und jeder, der lebt und an mich glaubt, wird nicht sterben in Ewigkeit" (Johannes 11,25–26).

Adalbert Ludwig Balling

Wie ist das Sterben?

Ein schwerkranker Junge merkt, dass er nicht wieder gesund wird. Eines Tages fragt er seine Mutter: „Wie ist das Sterben?"

Die Mutter erklärt es ihm so: „Weißt du noch, als du klein warst, da bist du oft so herumgetobt, dass du abends viel zu müde warst, um dich auszuziehen. Du bist einfach umgesunken und eingeschlafen. Am nächsten Morgen aber warst du in deinem Zimmer und deinem Bett. Jemand, der dich sehr lieb hat, hatte sich um dich gekümmert. Dein Vater war gekommen und hatte dich auf seinen starken Armen hinübergetragen. So ist das Sterben. Eines Morgens wachen wir zu einem neuen Tag auf. Denn Jesus hat uns mit seinen starken Armen hinübergetragen, weil er uns sehr lieb hat."

Der Junge wusste nun, dass sein Vater im Himmel ihn mit Liebe erwartet zu einem neuen Leben. Und so ist er einige Wochen später zu ihm gegangen.

Wer sich an Jesus hält und sein ganzes Leben in seine Hand legt, darf wissen, dass auch sein Sterben und seine Zukunft in seinen starken Armen ruhen.

Reinhard Abeln

Die Freude des Christen

Die Freude des Christen
ist im Letzten Vorfreude.
Sie gründet in der wunderbaren
Verheißung Jesu
im Johannesevangelium:
„Aber ich werde euch wiedersehen.
Dann wird euer Herz
voll Freude sein
und diese Freude
kann euch niemand nehmen."
Georg Karl Frank

Alles Leben muss einst vergehen,
Herr, deine Liebe bleibt
immer bestehen.
Sind wir gestorben,
dann nimmst du uns auf,
holst uns zu dir
in den Himmel hinauf.

Auf einem Kalenderblatt

Nachruf in eigener Sache

Der Schweizer Kurt Marti, Pfarrer und Poet, schrieb einmal einen sehr interessanten Nachruf. Er ließ eine Verstorbene selber zu Wort kommen, also sozusagen den eigenen Nachruf formulieren. Wir entnehmen daraus ein paar besonders eindringliche Sätze:

„Wenn ich gestorben bin, hat sie gewünscht, zieht euch nicht dunkel an; das wäre nicht christlich. Kleidet euch hell; singt heitere Lobgesänge!"

Und sie fügte hinzu: „Preiset das Leben, das hart ist und schön. Preist den, der ein Gott von Lebendigen ist ..."

Das sind für den, der die Botschaft Jesu ernst nimmt, eigentlich selbstverständliche Wünsche. Doch warum verschanzen wir uns hinter Bräuchen, die den Kern der christlichen Botschaft eher verdecken, statt zu deuten?

Adalbert Ludwig Balling

Einer wartet auf uns!

Ein Dorfschullehrer feiert Jubiläum. Vierzig Jahre ist er im Dienst. Der Schulrat und der Rektor, der Bürgermeister und der Pfarrer, die Kollegen und Freunde werden eingeladen. Es gibt ein wunderbares kaltes Buffet. Lange Lobreden schließen sich an.

Zum Schluss ergreift der Lehrer selbst das Wort, bedankt sich herzlich und erzählt ein wenig aus den vierzig Jahren. Launiges aus dem Schulalltag, Humoriges von manchen Kollegen und dann Nachdenkliches, das niemand wieder vergessen wird.

In den vierzig Jahren sind zehn lange Jahre Kriegsgefangenschaft in Sibirien enthalten. Schwere Arbeit unter Tage, kaum Nahrung, keine Verbindung mit der Frau zu Hause. Hoffen und Bangen und dann tiefe Verzweiflung und innere Zermürbung. Selbstmordgedanken kommen auf. Die letzten Kräfte sind aufgebraucht. Keine Hoffnung mehr, kein Lebenswille übrig.

Da kommt eines Tages ein junger Mann aus dem Heimatdorf des Lehrers in das Lager. Als Siebzehnjähriger war er in den letzten Kriegstagen noch in die Schlacht geschickt worden und in russische Gefangenschaft geraten. Nun trifft er den Lehrer. Die beiden Männer umarmen sich und mischen ihre Tränen.

Der Jüngere erzählt von zu Hause. „Niemand denkt, dass du noch lebst. Aber eine wartet auf dich, eine glaubt an dich und deine Wiederkehr, deine Frau wartet mit der ganzen Sehnsucht einer starken Liebe auf dich!"

Mit einem Blick zu seiner Frau hinüber sagt der Lehrer dann: „Diese Gewissheit, dass eine auf mich wartet, an mich glaubt, meine Rückkehr fest erwartet, in Liebe an mich denkt, das gab mir dann die Kraft, durchzuhalten und immer wieder gegen alle Verzweiflung zu hoffen, bis sich die Hoffnung erfüllte und wir uns nach zehn Jahren endlich wiedersahen."

Auch wir werden Situationen erleben, wo wir nichts mehr zu erwarten haben. Dann müssen wir daran denken, dass wir in Liebe

erwartet werden. Jesus am Thron Gottes wartet auf uns, er glaubt an uns, rechnet mit uns,
freut sich auf uns. Er wartet mit der Sehnsucht
einer vollkommenen Liebe auf uns. Das ist
unsere Hoffnung gegen alle Resignation und
Schwäche.

Reinhard Abeln

Trost aus dem Glauben

Selig die Toten,
die im Herrn sterben.
Sie sollen ausruhen
von ihren Mühen;
denn ihre Werke folgen
ihnen nach.
Offenbarung 14,13

Wir wissen,
dass Gott bei denen,
die ihn lieben,
alles zum Guten führen wird.
Römer 8,28

Fürchte dich nicht,
denn ich bin bei dir.
Schaue nicht ängstlich umher,
denn ich bin dein Gott:
Ich stärke dich, ja, ich helfe dir.
Jesaja 41,10

Der Herr ist mein Licht
und mein Heil:
Vor wem sollte ich mich fürchten?
Psalm 27,1

Jetzt seid ihr bekümmert,
aber ich werde euch wiedersehen;
dann wird euer Herz sich freuen
und niemand nimmt euch eure Freude.
Johannes 16,22

Mdalasipofus letzte Tage

Sie waren seit vielen Jahren gute Freunde – der grauhaarige blinde Mdalasipofu und Pater Otmar, Buschmissionar am Semokwe. Fremde wunderten sich über dieses seltsame Paar, zählte doch Mdalasipofu einst zu den angesehensten Zauberern seines Landes; sein Vater war Heerführer unter Lobengula gewesen, dem berühmten König der Amandebele.

Dass sich der Greis nicht so rasch bekehren ließe, wusste jedermann. Was wollte also der Pater?

Andererseits, warum erlaubte er die häufigen Besuche des weißen Missionars? – Das „Buschtelefon" verbreitete viele Gerüchte, glaubhafte und weniger glaubhafte. Am Ende blieb diese mysteriöse Freundschaft zwischen Missionar und Medizinmann ein großes Fragezeichen.

Wenn immer Pater Otmar auf der benachbarten Station eine Schulvisite durchführte, besuchte er Mdalasipofu (wörtlich: blinder Greis), dessen Kral auf einem kleinen Hügel lag – auf den Ausläufern eines Felsmassivs, das in das Flussbett des Semokwe vorspringt. Dem Missionar gefiel dieses romantische Plätzchen recht gut; man hatte einen herrlichen Rundblick über das Tal. Frühmorgens, kurz vor Sonnenaufgang – oder auch am Spätnachmittag – konnte man vom Kral des Zauberers aus bequem afrikanisches Großwild belauschen. Rudel von Gazellen und Antilopen, die in den Wasserlöchern des Flusses ihren Durst stillten! Auch Strauße und Kudus ließen sich blicken. Hatte man Glück und einen guten Feldstecher, so erspähte man hin und wieder sogar Leoparden und Löwen, die auf Beute lauerten.

Die Freundschaft zwischen Mdalasipofu und Pater Otmar begann vor Jahren! –, als der Zauberer zum ersten Mal merkte, wie seine Augen nachließen, als kein Zaubermittelchen und kein Kräutchen mehr half. Da hatte man ihn auf den Missionar aufmerksam gemacht; man erzählte ihm, der Pater besitze wundertätige Medizinen; er könne jeden gesund machen, wenn er nur wolle.

Anfangs sträubte sich des Alten Berufsstolz, den Missionar rufen zu lassen; später, als seine Augen rapide schwächer wurden, lud er Pater Otmar denn doch ein. Der Missionar brauchte wahrlich kein Fachmann zu sein, um schon beim ersten Blick zu sehen, dass Mdalasipofus Augen keine Salbe und keine Medizin mehr nütze. Der Opa, damals schon über 70 Jahre alt, war nahezu erblindet. Aber Pater Otmar kannte Afrika und die Leute; er wusste um ihre Mentalität. Was er tat, mag wie Heuchelei oder Unehrlichkeit erscheinen, in Wirklichkeit handelte er aus einem tiefen Verstehen heraus. Denn sooft er Mdalasipofu besuchte, setzte er sich neben ihn auf die Grasmatte, strich über sein ergrautes Haupt und salbte seine Augen mit ganz gewöhnlicher Hautcreme. Dann plauderten sie zwanglos miteinander. Meist waren es alte Erinnerungen aus der Zeit der großen Matabelekriege.

Lobengula wurde von dem Alten hoch verehrt. Bisweilen verlor er auch den Faden oder sein Gedächtnis ließ ihn plötzlich im Stich.

Dann half ihm Pater Otmar wieder auf die Sprünge. Mdalasipofu schien Freude am Erzählen zu haben und der Pater war stets ein dankbarer Zuhörer. Von Zeit zu Zeit streckte der Alte seine Hand aus und suchte die des Missionars. Dutzende Male schon hatte er mit seinen fühlenden Fingern den Pater „abgetastet". Seine Hände schienen die Augen zu ersetzen.

Wenn Pater Otmar dann dem Greis sanft das Haupt streichelte, schienen selbst die erloschenen Augen Frische auszustrahlen. Trotz dieses freundschaftlichen Verhältnisses zwischen Missionar und Zauberer wurden religiöse Themen selten erwähnt. Scheute sich vielleicht der Pater, den blinden Greis zu bekehren? Fürchtete er dessen „urheidnische" Herkunft? Oder glaubte er, Bekehrungsversuche seien ja doch umsonst?

Mdalasipofu wurde älter und gebrechlicher – und eines Tages erreichte den Missionar die Botschaft, der Alte liege im Sterben. Sofort bestieg Pater Otmar seinen Landrover und fuhr zum Kral des Zauberers. Eine große Schar Neugieriger wartete dort bereits. In sich zusammengekauert, fröstelnd am ganzen Leib, dürr und abgemagert, fand er den Alten in seiner Hütte liegen. Kaum hatte er die Stimme des Missionars vernommen, da tasteten seine Hände nach denen des Paters. „Mfundisi", begann er zögernd, „ich muss bald sterben; aber vorher musst du mir ein paar Fragen beantworten!"

„Gern, sehr gern", antwortete Pater Otmar. – Der Alte: „Mfundisi, warum bist du eigentlich immer so gut zu mir gewesen? Du weißt doch, dass ich Heide bin. Warum hast du mich immer so freundlich behandelt?"

Pater Otmars Gelegenheit war gekommen. In ruhigen, festen Worten begann er dem alten Mann von Gott zu erzählen – von Gott, der alle Menschen liebt – und von seinem Sohn, der auf die Erde kam, um die Sünden der Menschen zu tilgen. Und er erzählte dem kranken Zauberer von der Kirche, den Aposteln, den Heiligen, den Bischöfen und Priestern und dem Heiligen Vater in Rom – und nicht zuletzt von den Missionaren, die seit 2000 Jahren hinausziehen, um die Liebe Christi aller Kreatur zu künden …

Mdalasipofu hörte angestrengt zu. Hin und wieder stellte er eine Frage. Als Pater Otmar gerade vom Leben nach dem Tod sprach und die Glückseligkeit des Himmels schilderte, unterbrach ihn der Greis ein letztes Mal: „Baba, falls ich mich taufen lasse und sterbe, komme ich dann auch in den Himmel?" – „Aber ganz gewiss!" – „Und wenn ich im Himmel bin, dürfen meine Augen, die jetzt blind sind, auch all diese herrlichen Dinge sehen?" – Der Pater bejahte: „Deine Augen werden all das sehen!"

Mdalasipofus Augen wurden hell und groß, als er sagte: „Gut, dann möchte ich heute noch getauft werden!"

So geschah es. Statt die blinden Augen zu heilen, hatte der Pater dem Zauberer den Blick zur Ewigkeit geöffnet …

Adalbert Ludwig Balling

Der Grund meiner Hoffnung

Der tiefste Grund meiner Hoffnung besteht, glaube ich, darin, dass ich bereit bin, eines Tages das irdische Leben zu verlassen, um in ein neues Leben hinüberzugehen, das nie enden wird.

Wie die Ewigkeit Gottes sein wird, berührt mich wenig: Ich habe Besseres zu tun, als mir Bilder und Vorstellungen auszumalen, wie das Paradies sein wird.

Aber allein das Wissen, dass ich einmal in Frieden meine Augen schließen und Christus begegnen kann, ist für mich ein Grund zur Hoffnung.

Die Zustimmung zum eigenen Tod lässt mich einen Lebensstrom neu entdecken.

Frère Roger Schutz

Zwischen Angst und Zuversicht

Johann Baptist Lotz war Jesuitenpater und Professor für Theologie und Philosophie. Er schrieb einmal, dem Tod gewachsen sei die Schärfe des Verstandes nur in Verbindung mit der Weisheit des Herzens: Die Angst vor dem Tod quäle uns, weil das irdische Leben zu Ende gehe und mit ihm alles aufhöre; doch sei dies mehr Angst vor dem Sterben als Angst vor dem Tod. Am Ende stünden nämlich Zuversicht, Hoffnung, Freude, Frieden und Liebe. Warum? „Weil die Liebe zum Leben erspürt, dass größeres Leben naht, und weil ein grenzenloses Erbarmen uns aufzufangen verspricht".

Denen, die am Sterbebett von Verwandten und Freunden stehen, so sagte Papst Pius XII. einmal: „Glauben Sie mir, für jene, die sich in Gott lieben, gibt es keine Trennung."

Wer an die Botschaft Christi glaubt, fühlt sich auch persönlich angesprochen, wenn er die Worte des Evangeliums liest: „Ich bin die Auferstehung und das Leben. Wer an mich glaubt, wird leben, auch wenn er stirbt. Und jeder, der lebt und an mich glaubt, wird in Ewigkeit nicht sterben."

Adalbert Ludwig Balling

Leben in Ewigkeit

Dein Name
wird im Buch des Lebens
aufgezeichnet sein
(Offb 3,5; Phil 4,3)
und er (Christus)
wird herrlich sein
unter den Menschen …
Du wirst auf immer
und in alle Ewigkeit
teilhaben an der Glorie
des himmlischen Reiches
anstelle irdischer
und hinfälliger Güter,
wirst der ewigen Güter
teilhaftig sein anstelle derer,
die vergehen müssen,
und wirst leben in Ewigkeit.

Klara von Assisi

Wohin?

Sagt, wohin geht unsre Reis?
In das güldne Paradeis,
Da der, wer sich recht besinnt,
Seine besten Schätze find't.

Paul Gerhardt

„Sein Tod soll mich prägen"

Da gab es eine 78-jährige Frau, die seit Jahren liegen und viel leiden musste. Sie hatte auf ihrem Nachttisch einen Zettel liegen, den sie immer wieder zur Hand nahm und in Stille bedachte.

Auf diesem Zettel stand ein Wort, das einst der Apostel Paulus an die Gemeinde von Philippi geschrieben hatte: „Christus will ich erkennen und die Macht seiner Auferstehung und die Gemeinschaft mit seinen Leiden; sein Tod soll mich prägen. So hoffe ich, auch zur Auferstehung von den Toten zu gelangen" (Philipper 3,10ff.).

Derselbe Paulus hat uns noch ein anderes Wort hinterlassen, das wir uns zu eigen machen sollten. Er, der ehedem Christen verfolgte und am Tod des Stephanus mitschuldig war, sagt mutig und vertrauensvoll: „Ich vergesse, was hinter mir liegt, und strecke mich aus nach dem, was vor mir liegt" (Philipper 3,13).

Und was liegt vor mir? Gott hat uns nicht

als Eintagsfliegen geschaffen, sondern zu Leben und Vollendung berufen. Er hat uns einen „neuen Himmel" und eine „neue Erde" verheißen, wo wir glücklich sein können und in Gemeinschaft mit ihm leben dürfen.

Reinhard Abeln

Vom Wiedersehen überzeugt

Der arabische Mystiker Abu Bakr Schibi – er starb 945 in Bagdad – lief eines Tages mit einem Stock durch die Gassen, der an beiden Enden lichterloh brannte. Als man ihn fragte, was er vorhabe, antwortete er, er laufe, um mit dem einen Ende den Himmel, mit dem anderen die Hölle anzuzünden, „damit die Menschen sich allein mit Gott beschäftigen" (vgl. E. Jünger, Siebzig verweht III, Stuttgart, Tagebucheintragung vom 18. Januar 1985).

Ein anderes Mal begegnete der Mystiker einem Manne, der bitterlich weinte. Gefragt, warum er so traurig sei, antwortete der Mann: „Weil mein Freund gestorben ist". Dazu der Mystiker: „O du Ahnungsloser – warum wählst du einen Freund, der stirbt?"

Zwei deutliche Aussagen, die zum Nachdenken zwingen: „Damit die Menschen sich allein mit Gott beschäftigen", sagte der Mann aus Bagdad. Er wollte sie wachrütteln; wollte ihnen zu verstehen geben: Schaut, schon brennt alles lichterloh; fangt endlich an, euch um das Jenseits zu kümmern!

Und mit der Gegenfrage an den Mann, dessen Freund verstorben war, wollte er im Grunde nichts anderes sagen: Wer an „sterblichen Freunden" hängt, hat nicht den rechten Glauben. Wer wirklich vom Leben nach dem Tode überzeugt ist, braucht nicht traurig zu sein. Er glaubt an das Wiedersehen.

Adalbert Ludwig Balling

Nicht Abschied, sondern Ankunft

In dem Brief eines 60-jährigen Mannes, der sich wegen eines Herzfehlers vorzeitig pensionieren lassen musste, heißt es: „Ein religiöser Mensch bin ich eigentlich nie gewesen. Aber jetzt lässt mir die Frage keine Ruhe, ob denn mit dem Tode alles aus ist. Gibt es ein Ziel jenseits dieser Grenzen? Wenn nicht, dann wäre doch alles sinnlos, absurd! Ehrlich gesagt: Ich beneide die Menschen, die einen letzten Halt haben, eine unbeirrbare Hoffnung. Habe ich etwa am Leben vorbeigelebt?"

Einer, der nicht am Leben vorbeigelebt hat und der fest im Glauben beheimatet war, war Sigismund von Radecki (1891–1970), der bekannte Schriftsteller und Übersetzer. Von ihm stammt das schöne und nachdenkenswerte Wort: „Wie einer das Alter, wie einer sein Alter bewertet – es wird sich daran entscheiden, ob er glauben kann, dass der Tod nicht bloß Abschied, sondern auch Ankunft ist."

Reinhard Abeln

Sterben Christen anders?

Mit der Geburt beginnt das Sterben. Das weiß im Grunde jeder Mensch. Und doch – wie wenig ernst nehmen wir es mit den Vorbereitungen auf das Sterben!? Gemeint ist hier nicht die triste Weltverachtung, sondern die freudige Zustimmung zum Leben – in Erwartung der Dinge, die da kommen.

Vielleicht sind in diesem Zusammenhang die Worte großer Persönlichkeiten von Interesse – gesprochen am Ende ihres Lebens. Viele sahen dem Tod mit Gelassenheit entgegen; andere waren voller Angst und Widerspruch. „Lehre uns überdenken, dass wir sterben müssen", heißt es in Psalm 90,12, „damit wir klug werden!" –

Damit wir klug werden! Auch diese Worte, diese „letzten Worte" Prominenter der Weltgeschichte können uns „klüger" machen. Heinrich Heine, deutscher Dichter jüdischer Abstammung, schrieb gegen Ende seines Lebens: „Zerschlagen ist die alte Leier am Felsen, welcher Christus heißt … Die Leier, die zum Aufruhr klang, die Zweifel, Spott und Abfall sang. O, Herr, ich knie nieder, vergib, vergib, mir meine Lieder!"

Johann Wolfgang von Goethe schrie angesichts des Todes, schon auf dem Sterbebett liegend: „Mehr Licht!" – Ein englischer Philosoph und Historiker, öffentlich als Atheist bekannt, brüllte: „Ich bin in den Flammen; ich brenne …"

Über Napoleon schrieb später sein Leibarzt: „Der Kaiser stirbt einsam und verlassen; sein Todeskampf ist schrecklich." – Der britische Premier Winston Churchill bekannte am Ende seines Lebens: „Welch ein Narr bin ich gewesen!"

Zu einem chinesischen Geistlichen kam eines Tages ein Kommunist, der viele Christen der Exekution ausgeliefert hatte, und fragte: „Was ist denn euer Geheimnis? Ich habe so viele von euch sterben sehen. Ich weiß, die Christen sterben anders. Sag mir, wie macht ihr das?"

Adalbert Ludwig Balling

Wohin die Reise geht

Papst Johannes XXIII. hat einmal gesagt: „Das Leben, das mir verbleibt, soll nichts als eine gelassen-heitere Vorbereitung auf den Tod sein. Ich nehme ihn an und erwarte ihn im Glauben und Vertrauen. Vertrauen, nicht in mich selbst, denn ich bin ein armer Sünder, aber in die unendliche Barmherzigkeit des Herrn, dem ich alles verdanke, was ich bin und habe."

Es ist schon merkwürdig, wie wir uns meist verhalten. Das Einzige, was ganz sicher kommt, ist der Tod – und an den denken wir, besonders dann, wenn wir noch beruflich tätig sind, am wenigsten. Wir gleichen den Menschen in einem Wartesaal. Wir wissen aber nicht, wann unser Zug kommt und uns mitnimmt.

Wohin? Als Christen wissen wir zum mindesten, wohin die Reise geht. „Ich bin die Auferstehung und das Leben", sagt Jesus. „Wer an mich glaubt, wird leben, auch wenn er jetzt stirbt. Und wer lebt und an mich glaubt, wird in Ewigkeit nicht sterben" (Joh 11,25f.).

Reinhard Abeln

„Sein Tod betrübt mich nicht …"

Die Ballett-Tänzerin und Autorin Diana Beate Hellmann erwähnt in ihrem autobiografischen Roman „Zwei Frauen" (1989) eine ihrer Tanten, deren Mann nach vierzig Ehejahren gestorben war.

„Wisst ihr", hatte sie damals bei der Beerdigung zu den Umstehenden und Verwandten gesagt, „sein Tod betrübt mich nicht. Wir waren einander so vertraut, dass er ein Teil von mir geworden ist, und ebenso bin ich ein Teil von ihm geworden. Deshalb bin ich ein Stück gestorben und er wird ein Stück in mir weiterleben – bis wir wieder vereint sind."

Ein faszinierender Gedanke? Wunschtraum einer Frau, die ihrem Mann auch weiterhin nahe sein wollte? Selbsttröstungen, um über den Schmerz und das Leid besser hinwegzukommen?

Man mag es so deuten; es liegt nahe. Aber im Grunde ist dieser Gedanke weder faszinierend noch neu; letztlich ist es genau das, was wir Christen ohnehin glauben, wenn wir an die Auferstehung der Toten glauben; wenn wir uns an das halten, was die Kirche über nahezu zwei Jahrtausende hinweg gelehrt hat.

Die Toten sind nicht tot; sie leben fort. Und die Hinterbliebenen sind nicht alleingelassen; die Verstorbenen bleiben ihnen nahe – wenn sie, die noch Lebenden, sich der Toten erinnern; wenn sie für sie beten und sie Gottes erbarmender Liebe anvertrauen.

Adalbert Ludwig Balling

Der Himmel – unsere Heimat

Sei treu bis in den Tod,
dann werde ich dir
den Kranz des Lebens geben.
Offenbarung 2,10

Unsere Heimat aber ist der Himmel.
Philipper 3,20

Wenn das Weizenkorn nicht
in die Erde fällt und stirbt,
bleibt es allein.
Wenn es aber stirbt,
bringt es reiche Frucht.
Johannes 12,24

Wenn wir mit Christus
gestorben sind,
werden wir auch mit ihm leben.
2 Timotheus 2,11

Wer an den Sohn glaubt,
hat das ewige Leben.

Johannes 3,36

Suchet den Herrn
und ihr werdet leben.

Amos 5,6

Wir wissen: Wenn unser irdisches
Zelt abgebrochen wird,
dann haben wir eine Wohnung von Gott,
ein nicht von Menschenhand
errichtetes ewiges Haus im Himmel.

2 Korinther 5,1

Der Ire im Himmel

Einmal starb ein Ire ganz unverhofft. Nun stand er vor Christus. Der musste entscheiden, ob der Ire in den Himmel kommen solle oder nicht.

Eine ganze Reihe Leute – große und kleine – waren vor dem Iren an der Reihe. Er bekam genau mit, was die Einzelnen vorzuweisen hatten und wie Jesus entschied.

Jesus schlug in einem dicken Buch nach und sagte zu dem Ersten: „Da steht: Ich hatte Hunger und du hast mir zu essen gegeben. Bravo, ab in den Himmel!"

Zum Zweiten sagte er: „Ich hatte Durst und du hast mir zu trinken gegeben!" – und zum Dritten: „Ich war krank und du hast mich besucht! Bravo, ab in den Himmel, ihr beiden!"

Dann kam ein achtjähriger Junge. Zu dem sagte Jesus: „Hier steht: Keiner wollte etwas mit mir zu tun haben. Du aber hast mich zum Mitspielen eingeladen. Bravo, ab in den Himmel!"

Zu einem zehnjährigen Mädchen sagte Jesus: „Hier steht: Alle haben mich beschimpft, du aber hast mich verteidigt! Bravo, ab in den Himmel!"

Bei jedem, der so in den Himmel befördert wurde, machte der Ire Gewissenserforschung und jedesmal kam ihm das Zittern. Er hatte keinem etwas zu essen gegeben oder zu trinken und Kranke hatte er nicht besucht und Schwache nicht verteidigt. Wie würde es ihm ergehen, wenn er vor Jesus, dem König, stehen würde?

Und dann war er auch schon an der Reihe. Er blickte auf Jesus, der in seinem Buch nachschlug, und zitterte vor Angst. Dann blickte Jesus auf. „Da steht nicht viel geschrieben", sagte er, „aber etwas hast du auch getan (und der Ire meinte zu beobachten, dass Jesus dabei schmunzelte!). Hier steht: Ich war traurig, enttäuscht, niedergeschlagen – und du bist gekommen und hast mir Witze erzählt. Du hast mich zum Lachen gebracht und mir Mut gegeben. Ab in den Himmel!" Und der Ire machte einen Freudensprung durchs Himmelstor.

Überliefert

Zum Nachdenken

Ich glaube, dass, wenn der Tod
unsere Augen schließt,
wir in einem Lichte stehn,
von welchem unser Sonnenlicht
nur ein Schatten ist.
Arthur Schopenhauer

Der Tod ist die uns zugewandte
Seite jenes Ganzen,
dessen andere Seite
Auferstehung heißt.
Romano Guardini

Wollst endlich sonder Grämen
aus dieser Welt uns nehmen
durch einen sanften Tod!
Und, wenn du uns genommen,
lass uns in Himmel kommen,
du, unser Herr und unser Gott.
Matthias Claudius

Wer stirbt, der erwacht
zum ewigen Leben.
Franz von Assisi

Wir sind nur Gast auf Erden
und wandern ohne Ruh
mit mancherlei Beschwerden
der ewigen Heimat zu.
Georg Thurmair

Sterben ist kein
ewiges Getrenntwerden.
Es gibt ein Wiedersehen
an einem helleren Tag.
Michael Kardinal von Faulhaber

Jesus lebt, mit ihm auch ich!
Tod, wo sind nun deine Schrecken?
Jesus lebt und wird auch mich
von dem Tode auferwecken.
Christian Fürchtegott Gellert

Hat einer so den langen Erdentag
ans Herz genommen,
spricht er zum Abschied,
so er dunkeln mag:
Willkommen.
Der Lobgesang verstummt.
Es schweigen Leid und Zeit.
Von andrer Zinne schon
tönt Ewigkeit.
Albrecht Goes

Der Mensch ist das Wesen,
das in Gott hineinsterben kann.
In Gott hineinsterben
heißt auferstehen.
Ladislaus Boros

O Seele, wenn ein Narr dir sagt,
die Seele verdirbt wie der Körper
und das, was stirbt,
kehrt nie wieder,
so sage ihm, die Blume verdorrt,

doch das Samenkorn bleibt
und liegt vor uns
wie das Geheimnis
des immerwährenden Lebens.
Kahlil Gibran

Hoffen heißt, die Möglichkeit
des Guten erwarten;
die Möglichkeit des Guten
aber ist das Ewige.
Sören Kierkegaard

Ein Mensch kann nicht
auf Erden leben,
wenn er nicht Kopf und Herz
ein Stückchen im Himmel hat.
Phil Bosmans

Sehnsucht nach dem Unendlichen

Dein Verlangen sei,
Gott zu schauen –
deine Furcht,
ihn zu verlieren –
dein Schmerz,
noch nicht bei ihm zu sein –
deine Freude,
dass er dich zu sich
führen kann.
Dann wirst du in
großem Frieden leben.

Teresa von Ávila

Da ist ein Traum, der uns träumt

„Mir träumte" – so schrieb Jean Paul einmal – „ich stiege auf den höchsten Eisberg der Erde, um auf seinem Gipfel kniend mein Ohr an das verschlossene Kirchen- und Gottesackertor der Zukunft zu legen und sie zu belauschen. Unter dem Eisgebirge lagen die Städte und Kirchhöfe der Erde weit umher in der dämmernden Tiefe – alles schlief, nichts leuchtete, nichts regte sich … Aber als ich gen Himmel sah, zogen die zuckenden Sternenbilder dahin und verfolgten einander. Jedes Bild malte mit zusammenschießenden Strahlen, wie mit sprühenden Gewitterwolken, seinen lichten Umriss ins Blaue …"

Es ist uns gestattet, „ins Blaue zu träumen"; nur Menschen ist es eigen, zu träumen und (soweit die Träume in Erinnerung sind) darüber nachzusinnen. Falls Tiere träumen, stellen sie später darüber keine Reflexionen an. Falls Tiere träumen, sind sie nicht in der Lage, einander diese Träume zu erzählen. Und falls Tiere „in die Zukunft träumen", wissen wir Menschen nichts darüber.

Uns aber, als einzigen Lebewesen dieser Erde, ist Träumen „erlaubt". Mitunter verbinden wir damit ein tiefes Sehnen, ein Langen nach dem, der all unserer Sehnsucht zugrunde liegt. Vielleicht im Sinne jenes Buschmannes aus der Kalahari-Halbwüste, der auf die Frage, wie er sich Gott vorstelle, antwortete: „Da ist ein Traum, der uns träumt …"

Adalbert Ludwig Balling

Unstillbare Sehnsucht

In den Augen aller Menschen
wohnt eine unstillbare Sehnsucht.
In den Augen der Menschen aller Rassen,
in den Blicken der Kinder und Greise,
der Frauen und Mütter,
der Polizisten und Angestellten,
der Abenteurer und Revolutionäre,
der Diktatoren und Mörder –
auch in den Augen der Heiligen:
in allen wohnt der gleiche Funke
unstillbaren Verlangens,
das gleiche heimliche Feuer,
der gleiche tiefe Abgrund,
der gleiche unendliche Durst nach Glück
und Freude und Besitz ohne Ende.

Dieses Sehnen und Langen,
das alle Wesen spüren,
ist die Liebe zu Gott.
Gott ist unsere einzige Sehnsucht.
Er ist im Innersten aller Kreatur;

er ruft uns in seine Sehnsucht.
Das ist die geheimnisvolle Ausstrahlung,
die von allen Wesen ausgeht …

Ernesto Cardenal

Wenn die Seele Atem holt ...

Es gibt diese Momente: Man erinnert sich eines lieben Menschen, vielleicht eines Verstorbenen – und spürt plötzlich Wärme, Liebe, Wohlwollen aufkommen. Unaussprechbares Wohlgefühl. Die ganze Seele schwingt mit. Unser Hier und Heute scheint sich mit der Ewigkeit zu verbinden. Es ist rundum hell, klar, durch-sichtig.

In solchen Augenblicken wähnen wir uns in einer anderen Welt – weit weg, dort, wo der Urgrund alles Seins, der Mittelpunkt aller Liebe ist. Da lauscht man tatsächlich ins All. Da hört man mit dem Herzen, erahnt Ur- und Übermenschliches. Dann können wir sogar zu Türen werden für andere; zu offenen Türen, einladend, willkommen heißend, all-umarmend.

Dann wird die Sehnsucht der Seele größer als ihr Fassungsvermögen. Dann durch-bricht unser Herz die Enge dieser Erde und schwingt hinüber in ein „anderes Sein", ein jen-seitiges, ein vielleicht unstillbares.

Wenn Menschen so empfinden, so fühlen, so sehnen – dann geschieht tatsächlich, was der Heilige von Hippo meinte, als er schrieb: „Unruhig ist unser Herz, o Herr, bis es ruhet in dir!"

Solche Sehnsucht, solches Verlangen nach Gott wird zum Atemholen für unsere Seele. In solchen Augenblicken öffnet sich uns der Himmel und wir dürfen vielleicht, wenn auch nur für kurze Momente, das „Rauschen der Engel" vernehmen, die Vorboten und Künder göttlicher Gegenwart …

Adalbert Ludwig Balling

„Jede Lust will Ewigkeit"

Viele Menschen sagen, der Tod sei das Ende schlechthin. Danach komme nichts mehr, also kein Himmel, kein ewiges Leben; nur Sterben sei unser Los. Der marxistische Dramatiker und Lyriker Bert Brecht (1898–1956) zum Beispiel schreibt: „Lasst euch nicht verführen! Es gibt keine Wiederkehr. Ihr sterbt mit allen Tieren und es kommt nichts nachher." Der Dichter Heinrich Heine (1797–1856) sagt in seinem „Wintermärchen" (1844): „Den Himmel überlassen wir den Engeln und den Spatzen."

Das ist die Hoffnungslosigkeit des Unglaubens und zugleich das Verkennen der tiefsten Sehnsüchte des menschlichen Herzens! Der Mensch, so lehrt das Zweite Vatikanische Konzil, lehnt „die völlige Zerstörung und den endgültigen Untergang seiner Person mit Entsetzen" ab. Der Mensch lässt sich nicht auf „die bloße Materie zurückführen". Er wehrt sich „gegen den Tod"; denn er ist ausgerichtet auf eine ewige Zukunft, eine ewige Jugend, ein ewiges Leben.

Wer glaubt, dass mit dem Tode alles aus ist, dem sei ein Wort Otto von Bismarcks (1815–1898) in Erinnerung gerufen: „Ohne Unsterblichkeit wäre es nicht der Mühe wert, sich am Morgen die Strümpfe anzuziehen." Das heißt: Ohne Unsterblichkeit, ohne ewiges Sein verliert unser ganzes Leben seinen Sinn. Selbst Friedrich Wilhelm Nietzsche (1844–1900), der große Gottesleugner und Gottessucher, musste bekennen: „Jede Lust will Ewigkeit, will tiefe, tiefe Ewigkeit."

Reinhard Abeln

Wenn abends die Sonne untergeht

Wenn abends die Sonne untergeht, wenn verklärte Stimmung über die Landschaft huscht, wenn die Schatten kaum mehr auszumachen sind – dann kehrt Stille ein bei Menschen, Tieren und Pflanzen.

Dann meint man die Stille zu hören. Dann wird die Lautlosigkeit der Schöpfung zum beredten Schweigen. Dann steht der Mensch voller Ehrfurcht vor der Schönheit der Erde. Dann überkommt ihn vielleicht auch ein Sehnen tief drinnen in seinem Herzen.

Wenn abends die Sonne untergeht, kommt Wehmut auf. Vielleicht auch das Verlangen nach Heimat, nach Geborgenheit, nach Zärtlichkeit.

Wenn abends die Sonne untergeht, spürt der Mensch etwas von der Begrenztheit seines Seins, vielleicht aber auch, dass seine irdischen Tage einem neuen Sonnenaufgang entgegengehen …

Adalbert Ludwig Balling

210

Wonach meine Seele greift

So wie der Baum nicht endet
an der Spitze seiner Wurzeln
oder seiner Zweige –
so wie der Vogel nicht endet
an seinen Federn
oder mit seinem Flug –
so wie die Erde nicht endet
an ihren höchsten Bergen:
So ende auch ich nicht
an meinem Arm,
an meinem Fuß,
an meiner Haut,
sondern greife unentwegt nach außen
und hinein in den Raum und die Zeit –
und alle Zeit, samt meiner Stimme
und meiner Gedanken,
langt nach Unendlichem.
Denn meine Seele lebt im Unendlichen,
im end-losen Universum der Sterne …

Nach Worten eines Cherokee-Indianers

Von der Sehnsucht des Menschen

Nach einer demoskopischen Umfrage glauben nur etwas mehr als 40 Prozent der Deutschen (in den alten Bundesländern) an ein Fortleben nach dem Tode. Eine erschreckende Feststellung für jene, die Glaube und Religion – sprich: die Frohbotschaft von der Geburt Christi, von seinem Leiden und Sterben sowie seiner Auferstehung von den Toten – „berufsmäßig" in den Mittelpunkt ihrer Tätigkeit stellen. Was – so fragte denn auch mit Recht ein Journalist den Osnabrücker Bischof Ludwig Averkamp –, was sagen Sie angesichts solcher Umfragergebnisse? Welche Wünsche haben Sie für die Menschen in unserem Lande?

Averkamp äußerte drei Wünsche an seine Landsleute:

1. Dass sie in ihrem Herzen die Sehnsucht zulassen nach einer Erfüllung des Lebens über alle kleinen Weisen dieser Welt hinaus.

2. Dass sie gläubigen Christen begegnen, an denen sie die Freude eines Lebens mit dem auferstandenen Christus ablesen können.

3. Dass sie wie die beiden Emmausjünger Christus in seinem Wort begegnen und ihre Herzen zu brennen beginnen, bis ihnen die Augen übergehen im Brechen des Brotes.

Vielleicht noch ein vierter Wunsch – an uns alle gerichtet: Dass wir die Ur-Sehnsucht, die jedem Menschen ins Herz graviert ist, behutsam und voller Zärtlichkeit hegen; denn solange wir im tiefsten Innern unserer Herzen Sehnsucht spüren, solange ist auch Bereitschaft vorhanden, dem, der allein alle Sehnsüchte stillen kann, hörenden Herzens zu begegnen. Vielleicht ist diese Sehnsucht am Ende nur ein anderes Wort für den Glauben an ein Fortleben nach dem Tod?

Adalbert Ludwig Balling

„Ich bin die Auferstehung und das Leben"

Der Arzt hatte mir und meiner Frau mitgeteilt, dass eine Rettung unserer lieben Marie nicht zu hoffen sei. Noch jetzt steht das Bild mir lebhaft vor der Seele, wie ich in der Laube sitzend die schlanke bleiche Gestalt langsam auf- und abgehen sehe und ihr Blick zuweilen fragend auf mir ruht: „Ob Vater wohl weiß, dass ich bald sterben werde?", während die Lippe schwieg. Zu ihren Füßen aber wiegte sich ein lachender Tulpenflor und an der Gartenwand leuchteten die roten und weißen Rosen in Fülle.

Es währte nicht lange, so konnte sie ihr Stübchen nicht mehr verlassen.

Ich fand sie einmal am offenen Fenster, die warme Luft des Sommerabends und den süßen Duft der Rosen atmend, welcher aus dem Garten zu ihr emporstieg. Sie war in Gedanken versunken und zum ersten Male löste sich das bisher unausgesprochene Geheimnis ihres nahen Todes. Es hatte uns allen so bange und schwer auf dem Herzen gelegen.

Marie schüttete ihr Herz vor mir aus; schüchtern und sorglich zu mir aufblickend, fragte sie, ob sie auch mit Zuversicht der Vergebung all ihrer Fehler und Versündigungen sich getrösten dürfe. Ich erinnerte sie an das alte Agnus-Dei-Lied: „All Sünd' hast du getragen, sonst müssten wir verzagen! Erbarm dich unser, o Jesu!"

Das Wort des Herrn: „Ich bin die Auferstehung und das Leben, wer an mich glaubt, der wird leben, ob er gleich stürbe", und was wir sonst Ähnliches miteinander innig und ruhig besprachen, erfüllte ihre Seele mit seligster Freude.

Entzückt ihre Arme ausbreitend, rief sie: „O Gott! Wie freue ich mich, wie glücklich bin ich! Ich werde bald meinen Heiland sehen." Ihre Augen leuchteten dabei in einem wunderbaren Glanze, der nicht mehr von dieser Welt schien.

Mit Erstaunen und Bewunderung betrachtete ich sie, denn es erinnerte mich diese Erscheinung an ihre Kindheit, wenn sie, etwa zweijährig, von mir auf den Knien geschaukelt wurde, wobei sie dann zuweilen in ein solches Jubilieren ausbrach und ihre Augen so ungewöhnlich aufleuchteten, dass Freund Peschel darüber stets in künstlerische Ekstase geriet. Jetzt aber fiel mir die Stelle im Dante ein: „Öffne die Augen und sieh mich, wie ich bin! Du hast geschaut Dinge, dass du mächtig geworden bist, mein Lächeln zu ertragen."

Ludwig Richter

Unruhig bleibt des Menschen Herz

Das Herz des Menschen
sehnt sich nach Licht,
hungert nach Sonne und Wärme.
Das Herz des Menschen
bleibt ungestillt,
solange es auf dieser Erde
haften bleibt.
Das Herz des Menschen
träumt hinein in das Weltall,
sehnt sich
nach unendlichen Weiten
und weit entfernten Stränden.
Das Herz des Menschen
segelt hinauf zu den Sternen
und hinein in unendliche Fernen.
Es langt hinaus nach den Räumen
im endlosen All,
bleibt unerfüllt und ruhelos –
sucht ein Leben lang,
was das Leben niemals geben kann.
Unruhig bleibt des Menschen Herz,

bis es Ruhe findet bei dem,
der allein Ausgangspunkt und Ziel
dieser Sehnsucht ist …

Adalbert Ludwig Balling

Lebenshungrig

Michelangelo sagte einst zu einer Gräfin: „Ich bin 86 Jahre alt und hoffe, bald von Gott heimgerufen zu werden."

Die Gräfin fragte ihn: „Sind sie lebensmüde?"

Der große Künstler entgegnete: „Nein, lebenshungrig!"

Überliefert

Der geheimnisvolle Mönch
von Heisterbach

Ein Mönch des Klosters Heisterbach – so eine mittelalterliche Legende – verlässt eines Morgens den Klostergarten. Er will im benachbarten Wald spazieren gehen. Da hört er in der Ferne einen Vogel singen – schön, klar und lieblich. Und der Bruder ist ganz hingerissen.

Er setzt sich auf einen Baumstamm und lauscht. Freude und Dankbarkeit und urtiefe Heiterkeit überkommen ihn. Glückseligkeit durchströmt sein Herz. Lange sitzt er so da – lauschend, meditierend.

Schließlich kehrt er in sein Kloster zurück, klopft an der Pforte und erkennt – zu seinem eigenen Erstaunen – den Pförtnerbruder nicht. Er fragt nach anderen Mitbrüdern. Keiner ist dem Pförtner bekannt. Und umgekehrt kennt niemand im Kloster den zurückgekehrten Bruder.

Der Abt schüttelt unwissend den Kopf. Er lässt den Chronisten aus der Klosterbibliothek rufen. Der blättert in den alten Büchern und findet schließlich eine merkwürdige Eintragung: Vor genau hundert Jahren sei ein Mönch plötzlich verschwunden – spurlos. Und er sei niemals wiedergekehrt …

Der Mönch von Heisterbach war meditierend und betend „aus der Zeit geraten" (Otto Betz); er war von der Stimme des Vogels so in Bann geschlagen worden, dass er alles um sich herum vergessen hatte: Ort, Zeit und Menschen.

Diese Legende sagt viel über die Fähigkeit des Menschen, sich horchend, staunend, sinnend, betend dem Schöpfer zu stellen. Sie sagt auch etwas über die Kraft der Meditation, der meditativen Stille, des betenden Schweigens. Vor allem aber weist sie auf jenes Ur-Sehnen des Menschen hin, das ihn immer wieder zeit-los werden lässt: das Langen über diese Zeit hinaus, das Hineingreifen in die Ewigkeit Gottes.

Teilhard de Chardin hat es auf den Punkt gebracht: „Das Geheimnis der Welt liegt überall dort, wo es uns gelingt, das Universum transparent zu sehen." Wer die Zeit überschreitet, ist diesem Geheimnis auf der Spur ...

Adalbert Ludwig Balling

Freude auf den Himmel

Ihr dürft nie zulassen,
dass die Armut euer
ganzes Denken so beherrsche,
dass ihr darüber die Freude
des auferstandenen Christus
vergesst.
Wir sehnen uns alle
nach dem Himmel,
es gibt für alle die Möglichkeit,
ihn schon von hier aus
er erleben.
Wir brauchen uns nur
mit Christus glücklich
zu fühlen,
hier und jetzt.

Mutter Teresa

Bevor ich sterbe

So lautet ein Gedicht des deutsch-jüdischen Dichters Erich Fried (er starb im November 1988). Und darin kommt die ganze Sehnsucht, das urtiefe Verlangen eines Menschen zum Ausdruck, der – ehe er hinübergeht in eine andere Welt – noch einmal ganz persönliche Wünsche äußert:

„Noch einmal sprechen
von der Wärme des Lebens,
damit doch einige wissen:
Es ist nicht warm,
aber es könnte warm sein.
Bevor ich sterbe,
noch einmal sprechen
von Liebe,
damit doch einige sagen:
Das gab es,
das muss es geben!
Noch einmal sprechen
vom Glück, der Hoffnung auf Glück,

damit doch einige fragen:
Was war das? Wann kommt es wieder?"

Urmenschliche Sehnsucht –
nach Wärme und Zärtlichkeit,
nach Liebe und Glück.
Sehnsüchte,
die ein langes Leben lang
nie ganz gestillt werden,
nie volle Erfüllung erlangen.
Aber das Wissen nach Liebe und Glück
ist bereits ein Stück Liebe,
ein Happen Glück.
Letztendliche Erfüllung
wird uns in diesem Leben nicht zuteil …

Adalbert Ludwig Balling

Auslangen nach einem neuen Morgen

Im sogenannten „Holländischen Katechismus",
der in den 1970er-Jahren im katholischen Um-
feld, auch hierzulande, großes Aufsehen er-
regte, hieß es: „Niemals wird ein Mensch in
seinem Leben genug Liebe, Wahrheit, Freiheit,
Schönheit, Güte und Liebe gefunden und gegeben haben. Es gibt allemal und immer ein
Auslangen nach einem *neuen Morgen*. Der
Mensch gibt sich mit keiner endlichen Grenze
zufrieden. Hier liegt die stärkste Triebfeder für
alles Leben und jeden Fortschritt: Wir leben
auf Letztgültiges hin!"

Ja, wir leben zwischen zwei Polen, zwischen
zwei Welten: dem Hier und Jetzt und dem
Dann und Schlussendlich. Wir sind und blei-
ben ein Leben lang Suchende und Tastende.
Pilger auf dem Weg. Hoffende auf eine bessere
Zukunft. Wartende auf einen neuen Morgen.

Wir sind niemals am Ziel. Nie können wir
behaupten, wir hätten alles erreicht, was wir
anpeilten; hätten gefunden, wonach wir ver-

langten. Was immer wir tun, bleibt bruch-
stückhaft. Egal, welchen Beruf wir ausüben,
wir werden persönlich, uns selber, stets neu infrage stellen müssen.

Wir sind und bleiben ein Leben lang Suchende. Wir sind auf Letztgültiges geeicht, das in
diesem Leben niemals ganz zu erlangen ist.
Augustinus von Hippo hat Recht: „Unruhig ist
unser Herz, o Herr, bis es ruhet in dir!"

Adalbert Ludwig Balling

Hoffnung ist das Ewige

„Wer von der Hoffnung spricht, muss von der Ewigkeit sprechen", sagte der an der Schwelle zur Ewigkeit stehende Papst Johannes Paul I. in einer seiner Audienzansprachen.

An einer anderen Stelle wagte er zu sagen: „Die Hoffnung ist das Ewige" und: „Sie ist ein Harren in Gewissheit."

Reinhard Abeln

Ich habe Sehnsucht

Ich habe Sehnsucht
nach einem Licht,
von dem ich weiß,
dass meine Augen es jetzt
noch nicht ertragen können.

Ich habe Sehnsucht
nach einer Weite,
von der ich weiß,
dass ich sie jetzt
noch nicht ermessen kann.

Ich habe Sehnsucht
nach einer Tiefe,
von der ich weiß,
dass ich sie jetzt
noch nicht ausloten kann.

Ich habe Sehnsucht
nach einer Höhe,
von der ich weiß,

dass sie mich jetzt
noch taumeln ließe.

Ich habe Sehnsucht
nach einer mich erfüllenden Kraft,
von der ich weiß,
dass sie mich jetzt
noch zermalmen würde.

Ich habe Sehnsucht
nach einem Wort,
von dem ich weiß,
dass ich es jetzt
noch nicht nachsprechen kann.

Ich habe Sehnsucht
nach einer Liebe,
von der ich weiß,
dass ich sie jetzt
noch nicht erwidern kann.

Ich habe Sehnsucht
nach einer Freude,

von der ich weiß,
dass ihre Fülle mich jetzt
noch überschütten würde.

Ich habe Sehnsucht
nach dem Hall von Schritten,
von denen ich weiß,
dass ich jetzt noch nicht
mitgehen kann.

Ich habe Sehnsucht
nach einer Musik,
von der ich weiß,
dass ihre Melodien
jetzt noch mein Gehör
erzittern ließen.

Ich habe Sehnsucht
nach einer Blume,
von der ich weiß,
dass meine Hände sie jetzt
noch zerstören würden.

Ich habe Sehnsucht
nach einem Baum,
von dem ich weiß,
dass ich zu seinem Wipfel
jetzt noch nicht aufschauen kann.

Ich habe Sehnsucht
nach einem Berg,
von dem ich weiß,
dass ich seine Hänge und Klüfte
jetzt noch nicht überwinden kann.

Ich habe Sehnsucht
nach einem Wasser,
von dem ich weiß,
es ist so rein,
dass ich es jetzt
noch nicht wagen darf,
einen einzigen Blick
auf mein Spiegelbild zu werfen.

Ich habe Sehnsucht
nach einem Himmel,

von dem ich weiß,
dass seine Tiefe mich jetzt
noch erschrecken würde.

Ich habe Sehnsucht
nach einer Sonne,
von der ich weiß,
dass sie mich jetzt noch
verbrennen würde.

Ich habe Sehnsucht
nach einem Meer,
von dem ich weiß,
dass seine Wogen
mich jetzt noch
überrollen würden.

Ich habe Sehnsucht
nach einer Geborgenheit,
von der ich weiß,
dass ich mich jetzt
noch nicht in ihr bergen kann.

Ich habe Sehnsucht
nach einem Ganzen,
von dem ich weiß,
dass ich jetzt nur
ein winziger Teil bin.

Ich habe Sehnsucht
nach der Sehnsucht,
von der ich weiß,
dass sie kein Wort mehr braucht,
geschweige denn Beteuerungen.

Ich habe Sehnsucht
nach dem EINEN!
Ich weiß,
dass am Ende meiner Sehnsucht
alle Sehnsucht schweigt …

Adalbert Ludwig Balling

Zum Nachdenken

Kreuz und Elende,
das nimmt ein Ende;
nach Meeresbrausen
und Windessausen
leuchtet der Sonne gewünschtes Gesicht.
Freude die Fülle
und selige Stille
hab ich zu warten
im himmlischen Garten;
dahin sind meine Gedanken gericht.
Paul Gerhardt

Herr, gib ihm (ihr) die Erfüllung
seiner (ihrer) Sehnsucht
und vollende sein (ihr)
Leben in dir.
Lass ihn (sie) dein Angesicht schauen.
Aus der Liturgie

Das ist die Sehnsucht:
wohnen im Gewoge und
keine Heimat haben in der Zeit.
Und das sind die Wünsche:
leise Dialoge täglicher Stunden
mit der Ewigkeit.

Rainer Maria Rilke

Zwischen Zeit
und Ewigkeit

Der Tod ist kein Abschnitt
des Daseins,
sondern nur ein Zwischenereignis,
ein Übergang von einer Form
des endlichen Wesens
in eine andere.

Wilhelm von Humboldt

Die Tage sind gezählt

Unsere Tage sind gezählt, sagen wir, wenn wir an die Grenze des Lebens denken. Wir sagen es wehmütig und erschrocken. Die Tage sind gezählt. Unser Leben ist gerichtet, auf ein Ende hin ausgerichtet. Jeder gelebte Tag ist ein Tag weniger.

Dabei ist jeder Tag für sich wie ein kleines Leben. Man erwacht, kommt zu sich, steht auf, stärkt sich und geht an die Arbeit. Man erlebt Freude und Schmerz, Schönes und Schweres, sieht Sonne und Schatten, fährt los und kommt zurück. Man begegnet Menschen und Gott, rennt und ruht. Schließlich legt man sich wieder hin, um einzuschlafen. Viele einzelne Tage bilden das Leben.

Und jeder Tag ist gezählt. Sie kommen nicht aus dem Nichts und vergehen nicht in der Nacht. Unsere Tage leben wir nicht von irgendwo nach irgendwo. Nein, unsere Lebenstage sind gezählt. Gott wacht über sie. Er schenkt uns die Tage, zählt sie, besorgt und erfüllt sie, lenkt sie und behütet sie.

Unsere Tage sind bei Gott festgehalten. Alle Tage sind bei Gott festgehalten – die, die waren, und die, die kommen. „Alle Tage waren in dein Buch geschrieben, die noch werden sollten und von denen keiner da war!" (Psalm 139,16).

Wie wunderbar, dass Gott unsere Tage zählt, festhält und mit Liebe bedenkt. Jeder Tag ist bei Gott gezählt. Jede Träne wird von Gott gezählt (Psalm 56,9). Selbst die Haare auf unserem Kopf sind gezählt (Matthäus 10,30).

Gott hat unser Leben fest in seiner Hand. Ein Glück, dass unsere Tage gezählt sind. Wir leben nicht endlos weiter, ohne Sinn und Ziel. Nein, alle Tage unseres Lebens sind seine Tage und zielen auf den Tag des Herrn. Irdische Tage zielen auf ein ewiges Leben. Und ewiges Leben beginnt, wo wir unsere Tage mit Jesus leben. Er ist bei uns alle Tage bis zu seinem Tag, wo wir bei ihm sein dürfen. – Ein Glück, dass unsere Tage wirklich gezählt sind!

Reinhard Abeln

Geborgte Zeit

„Ich bin nicht mein;
du bist nicht dein.
Keiner kann sein eigen sein!"

Diese Worte von Werner Bergengruen
klingen kindergebetchenhaft,
fast naiv.
Und doch, bei näherem Überdenken
wird deutlich, wie genau sie
das Los des Menschen umschreiben:
Alles, was wir sind und haben,
ist ein Lehen;
geborgtes Leben.
Was immer wir tun,
wir tun es mit geborgter Zeit.
Wo immer wir uns bewegen,
wir bewegen uns auf geborgtem Terrain,
in einer anderen Dimension,
die von der Zeit
hinüberreicht
in die Ewigkeit.

Dort sind wir für immer
einem ganz anderen
zu eigen –
dann ohne Genzen,
zeit-los.

Adalbert Ludwig Balling

Der Mönch, der mit dem Kinde spielte

Er war der Älteste in seinem Kloster und galt als weise und gütig. Er wusste um sein nahes Lebensende. Eines Morgens befand er sich auf dem steilen Weg zum Himmel. Dort angekommen, pochte er ans große Tor. Einmal, noch einmal, ein drittes Mal. Nichts regte sich; die Tür blieb verschlossen.

„Bin ich vielleicht nicht würdig fürs Himmelreich?", fragte er sich selber. „Habe ich zu wenig gebetet? Zu selten gefastet? Zu oberflächlich geschwiegen?"

Abgehärmt und abgemagert schlurfte der greise Mönch ein Jahr später abermals den steilen Weg zum Himmel hinauf. Er klopfte. Mehrmals. Nichts rührte sich.

„Was habe ich bloß falsch gemacht?", überlegte er bei sich. „Ich habe keinen Menschen bekehrt. Ob das meine Schuld ist?"

So entschloss er sich, zu den Heidenvölkern zu gehen. Im nahen Hafen bestieg er ein Boot, das ihn in die Fremde brachte. Dort fing er sofort an zu predigen und die Ungläubigen zu bekehren. Aber schon nach wenigen Tagen brachte ihn die Hafenpolizei aufs Schiff zurück. Er bringe Unruhe ins Land, er verwirre die Menschen, ließ man ihn wissen.

Im nächsten Hafen, den das Schiff anlief, schlug ihm frostige Kälte entgegen: Ein Prediger einer anderen Kirche war ihm zuvorgekommen. Dennoch harrte der greise Mönch aus, ein Jahr lang. Dann erklomm er abermals den Weg zum Himmel. Er pochte an die Himmelstür. Nichts rührte sich.

Jetzt erbleichte der Mönch: „Was fehlt mir noch?" Er wusste keine Antwort. Nach Tagen und Wochen des Grübelns entschloss er sich, es mit der Krankenpflege zu probieren. Sofort wanderte er in die benachbarte Stadt und kümmerte sich liebevoll um alle, die Not litten, die krank waren, die Trost suchten. Er rackerte sich ab von früh bis spät.

Zum Jahresende machte er sich erneut auf den Weg zum Himmel. Wieder rührte sich nichts. Traurig, sehr traurig setzte er sich ne-

ben das Himmelstor. Beinahe wäre er eingeschlafen, doch da entdeckte er ganz in der
Nähe ein kleines Kind. Es baute eine Sandburg.

„Spielst du mit mir?", fragte die Kleine.
Der greise Mönch nickte gütig. Beim Spielen
vergingen die Stunden. Es wurde Abend; die
Sonne näherte sich feurig rot dem Horizont.
„Schau mal, wie schön das ist!", rief das Kind.
Und der Mönch strahlte vor Glück und Freu-
de; sein Herz wurde weit.

„Gott, wie schön ist deine Welt!", murmelte
er und in diesem Augenblick knarrte die Himmelstür – und der greise Mönch wusste, dass
er jetzt eintreten durfte …

Nach einer mittelalterlichen Legende

Die Gegenwart des Unendlichen

Der Philosoph Karl Jaspers schrieb einmal, er sei mit dem Meer aufgewachsen; daher seine große Liebe zu allem, was mit Wasser zu tun habe. Eines Abends habe er seinen Vater den weiten Strand hinunter begleitet. Es war Ebbe und der Weg über den frischen, reinen Sand wunderschön weich und eben. Überall lagen Quallen, Seesterne und andere Meerestiere herum:

„Ich war wie verzaubert, habe aber nicht darüber nachgedacht. Die Unendlichkeit habe ich damals unreflektiert erfahren. Seitdem ist mir das Meer wie der selbstverständlichste Hintergrund des Lebens überhaupt. Das Meer ist die anschauliche Gegenwart des Unendlichen. Unendlich die Wellen! Immer ist alles in Bewegung, nirgend das Feste und Ganze in der doch fühlbaren unendlichen Ordnung …"

Jaspers sieht Ewiges im Zeitlichen. So ergeht es uns allen. Plötzlich begreifen wir, durch die irdischen Dinge hindurch-schauend, Zeit-loses. Plötzlich schimmert Ewiges auf im End-lichen; Göttliches in irdischen Gefäßen. Wer die Augen aufmacht, wer mit wachen Sinnen durch die Natur geht, findet auch göttliche Spuren, „Gottes-Beweise", die keiner Beweisführung bedürfen.

Adalbert Ludwig Balling

Glücklich vereint

Der Gedanke, dass ebenso wie Jesus Christus auferstanden ist, auch mein Mann und meine Söhne eines Tages auferstehen und mit mir glücklich vereint sein werden, ohne dass wir uns je wieder trennen müssen, gibt mir neue Kraft und neuen Mut. Mein Geist wird erfrischt, das Herz wird froh und ich danke Gott für meinen Glauben an die Auferstehung, während ich tapfer versuche, mir die Tränen abzuwischen.

Rose Kennedy, Mutter der ermordeten Brüder
John und Robert Kennedy

Zeit für die Zeit danach

Als Ernst Albrecht im Januar 1989 sich mit Rücktrittsplänen befasste, begründete er dies vor der Presse damit, er wolle noch Kraft und Muße haben, um sich auf das „wichtigste Ereignis im Dasein eines Menschen vorzubereiten"; er meinte das eigene Ende und die Zeit danach.

Für Politiker ein seltenes Wort, vor allem, wenn in Verbindung gebracht mit dem Abschied von der aktuellen Tagespolitik. Im Grunde aber ist das die einzig richtige Haltung für jeden Menschen, vor allem für jene, die bereits das letzte Drittel ihres Lebens begonnen haben.

Ungewöhnlich sind auch mitunter die Todesanzeigen. Willi Maurer, ein westdeutscher Fabrikant, ließ beispielsweise via Zeitungsannonce kurz nach seinem Tod verlauten, er wolle sich bei allen Menschen bedanken, „die einmal meinen Weg kreuzten – im Guten wie im Nichtguten. Vielleicht haben sie heute Nachsicht mit mir … Ich hoffe, trotz allem einen gütigen und verständnisvollen Richter zu finden – denn nach christlicher Erkenntnis ist am Ziel unseres Erdenlebens unser Sein noch nicht zu Ende."

Ein anderer, Fürst zu Salm-Salm, ließ, ebenfalls in einer Danksagung, mitteilen: „Den so sehr wenigen Menschen, die mir ein Leid zugefügt haben, versichere ich, ihnen ihre Schwäche im Inneren nicht nachgetragen zu haben. Denjenigen, die ich gekränkt habe oder denen ich ungerecht begegnet bin und dadurch Leid bereitet habe, versichere ich, dieses nicht in der Absicht getan zu haben, ihnen Schaden zuzufügen" (vgl. FAZ 4. 6. 1976 und 19. 1. 1988).

Man kann nicht früh genug damit anfangen, jene, die man verletzte, denen man wehtat, denen man Leid antat, um Verzeihung zu bitten. Auch dazu braucht es Zeit – Zeit für die Zeit danach!

Adalbert Ludwig Balling

Der Baum zum Himmel

Das Leben ist wie ein Baum,
der zum Himmel wächst,
um in der Ewigkeit zu blühen.
Die Jahreszeiten, Krankheiten,
Enttäuschung und Leid
sind wie das Beschnittenwerden.
Unter dem Regen der Tränen
wächst der Baum, er wird geläutert,
bis er klar und rein in den Himmel reicht.
Das Leben ist nichts anderes
als ein Reifungsprozess;
und dazu gehören Läuterungen,
die wehtun.
Zur Zeit der Ernte holt Gott
die Früchte ein und verpflanzt
den Baum in den Himmel.

Igino Giordani (1894–1980),
italienischer Schriftsteller und Politiker

Das Zeitliche segnen

Es gibt Hunderte, Tausende von volkstümlichen Redewendungen. In jeder Sprache. Manche sind – wie Sprichwörter – humorvoll und hintergründig, andere fallen schon durch ihre Formulierung auf. Fast alle beinhalten ein paar Körner Volksweisheit; Erfahrungen früherer Generationen im Umgang mit sich und der Welt – eventuell auch mit Gott.

Eine solche allgemein gebräuchliche Wendung ist: „Das Zeitliche segnen". Eine Umschreibung des Wortes „sterben".

Kein Geringerer als Werner Bergengruen hat sich mit diesem volkstümlichen Ausdruck näher beschäftigt. In seinen autobiografischen Skizzen „Dichtergehäuse" (Verlag Die Arche, Zürich 1966) schreibt er, er wisse zwar nicht, woher diese Wendung stamme, und er wüsste auch nicht, bei wem sich das erfragen ließe: „Jedesmal, wenn ich mich ihrer erinnere oder wenn sie mir unversehens begegnet, empfinde ich eine Beglückung und Verheißung. Schon in meiner Kindheit hat sie mich angezogen, gewiss um des in ihr verborgenen dichterischen Glanzes und des noch unerkannten Geheimnisses willen. Ich empfand den Wunsch, auch einmal das Zeitliche segnen zu dürfen, wusste aber nicht, wie das zu machen sei …"

Bergengruen wusste später – und wir alle wissen es: Das Zeitliche segnen heißt letztlich: seinen Frieden mit der Welt machen, versöhnt mit ihr und den Menschen von dieser Erde Abschied nehmen. Es heißt auch – so jedenfalls hat man es bislang immer verstanden – denen, die man zurücklässt, Gutes wünschen, ihnen Wohlwollendes zuhauchen, kurzum, sie segnen.

„Das Zeitliche segnen" – die Erde, die Menschen, die Tiere, die Berge und Täler, die Wälder und Wiesen – welch wunderschöne Gebärde dessen, der Adieu sagt!

Adalbert Ludwig Balling

Der Schlüssel zur Glückseligkeit

Da der Tod (um genau zu sein) der wahre Endzweck unseres Lebens ist, habe ich es mir in den letzten Jahren angelegen sein lassen, diesen wahren, diesen besten Freund des Menschen so gut kennenzulernen, dass der Gedanke an ihn für mich nicht nur keinen Schrecken enthält, sondern mir großen Trost und Frieden des Geistes bringt.

Ich danke meinem Gott, dass er mir das Glück und die Gelegenheit geschenkt hat, den Tod als den Schlüssel zu unserem wahren Glück zu erkennen.

Ich gehe nie zu Bett, ohne darüber nachzudenken, dass ich vielleicht, so jung wie ich bin, am nächsten Tage nicht mehr leben werde. Und doch wird niemand, der mich kennt, sagen können, ich sei im Umgang mürrisch oder traurig. Für dieses Glück danke ich jeden Tag meinem Schöpfer und von ganzem Herzen wünsche ich dieses Glück all meinen Mitmenschen.

Wolfgang Amadeus Mozart

Aus einem Brief Mozarts an seinen Vater (geschrieben am 4.4.1787 im Alter von 31 Jahren, 4 Jahre vor seinem Tod)

Wanderer zwischen zwei Welten

Wir Menschen sind Pilger, „Wanderer zwischen zwei Welten" (Walter Flex). Der „homo viator" (der Wanderer Mensch) diente vielen Denkern und Weisen seit Jahrhunderten als Gegenstand christlicher Meditation. Zahlreiche Pilgerstätten, Wallfahrtsorte und Zentren heiliger Schreine verweisen in diese Richtung. Wir Menschen sind ruhelose, unstete Wesen; stets auf der Suche nach dem „Sinn des Lebens"; auf der Suche nach Glück, nach Beständigkeit, nach Ewigkeit.

Der Mensch spürt, dass er hier auf Erden keine letzte Bleibe hat, denn der Tod stellt jede Heimat infrage. Anselm Grün schreibt einmal, wer Mensch werden wolle, müsse „wandernd sich wandeln", um im Tod als letzten Wandlungsprozess zu reifen: „Erst dann hat er seine Bestimmung erfüllt; erst dann ist er angekommen – daheim!"

Adalbert Ludwig Balling

Durch den Horizont sehen

Von einem Missionar in der Südsee wird berichtet, dass er bei der Übersetzung der Bibel in die einheimische Sprache für die Worte „hoffen" und „Hoffnung" keinen geeigneten Ausdruck fand, den die Einheimischen verstehen konnten. Immer wieder suchte er nach einer Umschreibung, die das abstrakte Wort „Hoffnung" treffen könnte.

Eines Tages musste er ein Kind zu Grabe tragen. Ein großes Weinen und Klagegeschrei erhob sich am Grab. Der Priester dagegen blieb ruhig und still.

Das fiel einem jungen Papua auf und er fragte den Pater: „Warum weinst du nicht?"

Seine Antwort: „Weißt du, ich vertraue darauf, einmal das tote Kind wiederzusehen. Das ist mein fester Glaube."

Da meinte der Junge mit großem Erstaunen: „Dann kannst du also durch den Horizont sehen?" Der Missionar war betroffen.

Plötzlich hatte er nicht nur eine, sondern

die beste Übersetzung für „Hoffnung“: über die Grenzen hinausblicken, durch den Horizont sehen.

Adalbert Ludwig Balling

Friedlich, glücklich, wohl vorbereitet

Am Telefon meldete sich eine Bekannte: Ihre 94-jährige Mutter liege im Sterben; der Gemeindepfarrer sei schon dagewesen, habe „so im Vorbeigehen" auch die Krankenölung gespendet, sei aber nach ein paar Minuten ohne ein tröstendes Gebet, ohne ein Wort an die Angehörigen zu richten und ohne Verabschiedung wieder enteilt.

Ein paar Tage vorher, so erzählte man mir weiter, habe der Chefarzt des Krankenhauses verlauten lassen: entweder Operation, deren Ausgang völlig offen sei – oder nur noch ein paar wenige Lebenstage! Daraufhin besprach sich die greise Mutter mit ihrer Familie und bat darum, nicht mehr operiert zu werden; sie sei glücklich – und bereit für den letzten Weg.

An mich richtete man jetzt die Frage, ob ich kommen könnte, um mit der Sterbenden zu beten. Ich sagte zu und erklärte mich auch bereit, wenn erwünscht, eine Messe am Krankenbett zu feiern. Als ich an ihr Bett trat, war die alte Dame hellwach – mit weit geöffneten Augen. Nur das Sprechen fiel ihr schwer. Sie verfolgte das liturgische Geschehen sehr aufmerksam und ließ sich bei der Kommunion einen Hostienpartikel reichen.

Nach der Messe schlug ich vor, gemeinsam den Rosenkranz zu beten sowie die üblichen *Fürbitten um einen guten Tod*. Während des Rosenkranzes legte ich meine Hand auf ihre Stirn; sie schloss jetzt die Augen. Wir hatten das dritte Gesetz noch nicht vollendet, da spürte ich, meinte zu spüren, dass ihre Körperwärme stark nachlasse. Nach weiteren fünf Minuten wussten wir: Sie war nicht mehr unter uns; sie war ganz leise und unauffällig und ohne jede Spur von Todeskampf hinübergeschlafen, hinüber in ein anderes, neues Leben …

Stationsschwester und Arzt wurden sofort informiert und dann befragte man die Anverwandten, ob die soeben Verstorbene einen besonderen Wunsch gehabt habe, zum Beispiel das Totenkleid oder den Sargschmuck betreffend. Ja, sagte ihre Tochter, ging zum Schrank, kramte ein Nachthemd hervor und fuhr fort: Dieses Hemd habe ihre Mutter getragen, als sie, die Tochter, geboren wurde. Vor über 60 Jahren! Seitdem habe ihre Mutter es nie mehr angehabt.

So schloss sich der Kreis; von der Geburt zum Tod. Symbolträchtiger hätte man es kaum ausdrücken können. Als ich mich verabschiedete, bedankten sich die Hinterbliebenen bei mir. Jemand sagte, Tränen in den Augen: „So möchte ich auch einmal sterben – so friedlich, so glücklich, so gut vorbereitet!"

Adalbert Ludwig Balling

Teilhabe am Leben Gottes

Der Mensch ist
zu einer Lebensfülle berufen,
die weit über die Dimensionen
seiner irdischen Existenz
hinausgeht,
da sie in der Teilhabe
am Leben Gottes selber besteht.
Die Erhabenheit dieser
übernatürlichen Berufung
enthüllt die Größe und Kostbarkeit
des menschlichen Lebens
auch in seinem
zeitlich-irdischen Stadium.
Denn das Leben in der Zeit
ist Grundvoraussetzung,
Einstiegsmoment
und integrierender Bestandteil
des gesamten einheitlichen
Lebensprozesses des menschlichen
Seins.

Johannes Paul II.

Zeit ist Gnadenfrist

Der Wiener Arzt und Psychologe Viktor E. Frankl beschreibt in seinem Buch „Trotzdem Ja zum Leben sagen" (Kösel, München 1977) die Situation von KZ-Häftlingen, sozusagen ihre seelische Verfasstheit. Dabei macht er folgende Beobachtungen:

Außer dem Galgenhumor kommt bei den Todeskandidaten etwas anderes auf: Neugier! Neugier, ob man mit dem Leben davonkommt? Ob es ohne Schädelbruch abgeht?

Der Drang nach Neuem, die Gier zu forschen, der Wunsch, sich selbst zu testen – hielt, so Frankl, manchen KZ-Häftling am Leben. Jene, die die Flügel hängen ließen, hatten die geringeren Chancen, jemals wieder lebend aus dieser „Hölle" herauszukommen.

„Neugierig waren wir", schreibt Frankl, „was nun alles geschehen würde und was die Folgen seien. Die Folgen z. B. davon, dass man splitternackt und noch nass von der Brause, im Freien stehen gelassen wird, in der Kälte des Spätherbstes. Und die Neugier wird in den nächsten Tagen von Überraschungen abgelöst, z. B. von der Überraschung darüber, dass man eben keinen Schnupfen bekommt …"

Frankl wundert sich auch, dass er neben zwei Schnarchern auf der dritten Etage eines Holzbettes gut schlafen kann. Dass es ohne Kopfkissen geht. Dass die ganze Lagerzeit über keine Zähne geputzt wurden und doch das Zahnfleisch in Ordnung bleibt. Dass man ein halbes Jahr lang ein und dasselbe Hemd tragen kann usw.

Und er erinnert an Dostojewskis Definition vom Menschen: Das Wesen, das sich an alles gewöhnt!

Und immer wieder (so der österreichische Psychologe, der das KZ überlebt hat) das Sichwundern, das Fasziniertsein, die Gier nach Neuem, aber auch eine tiefe Sehnsucht nach „Alleinsein mit sich selbst und mit den eigenen Gedanken, die Sehnsucht nach einem Stück Einsamkeit"!

Erschütternde Kapitel über schreckliche Dinge aus einer grauenhaften Zeit!

Frankls Buch ist in vieler Hinsicht lesenswert. Vor allem deshalb, meine ich, weil es Optimismus ausstrahlt:

Weil es, statt zu verurteilen, zu verstehen sucht. Weil der Glaube an das Über-Menschliche, das, was wir Jenseits nennen, bleibt.

Auch: Weil Leiden und Leben als Einheit gesehen werden; weil sogar die allerschlimmsten Qualen in allerscheußlichster Umgebung dem Menschen die innere Freiheit nicht nehmen können.

Hätte Frankl dies nicht alles am eigenen Leib erlebt, ließen sich manche seiner Aussagen mit leichter Hand abtun.

Aber hier berichtet ein Todeskandidat, der nach Jahrzehnten noch genauso denkt wie damals: „Trotzdem Ja zum Leben sagen!"

Adalbert Ludwig Balling

„Was wartet auf mich, Herr Doktor?"

Der Schwerkranke ergriff die Hand des Arztes. „Mir ist so bange vor dem Sterben. Sagen Sie mir doch, Herr Doktor, was wartet auf mich nach dem Tode? Wie wird es auf der anderen Seite aussehen?"

„Ich weiß es nicht", antwortete der Arzt.

„Sie wissen es nicht?", flüsterte der Sterbende.

Statt eine weitere Antwort zu geben, öffnete der Arzt die Tür zum Gang. Da lief ein Hund herein, sprang an ihm hoch und zeigte auf jede Weise, dass er sich freute, seinen Herrn wiederzusehen.

Jetzt wandte sich der Arzt dem Kranken zu und sagte: „Haben Sie das Verhalten des Hundes beobachtet? Er war vorher noch nie in diesem Raum und kennt nicht die Menschen, die hier wohnen. Aber er wusste, dass sein Herr auf der anderen Seite der Tür ist, darum sprang er fröhlich herein, sobald die Tür aufging.

Sehen Sie, ich weiß auch nichts Näheres,

was nach dem Tod auf uns wartet; aber es genügt mir, zu wissen, dass mein Herr und Meister auf der anderen Seite ist. Darum werde ich, wenn eines Tages die Tür sich öffnet, mit großer Freude hinübergehen."

Nach Pierre Lefèvre

Auf Ostern hin unterwegs

Der Frankfurter Jesuitenpater Professor Dr. Ludwig Bertsch beschrieb vor längerer Zeit ein kleines Erlebnis, das offensichtlich bei ihm starken Eindruck hinterlassen hat:

Ein Freund war am Palmsonntag verreist; in der Nacht vor Ostern war er, plötzlich und völlig unerwartet, gestorben. Er hatte dem Pater einen kleinen Handzettel hinterlassen. Darauf standen nur drei Worte: „Verreist bis Ostern."

Pater Bertsch: „Seitdem weiß ich besser als vorher, dass ich mit meinem Leben nicht auf einer Rundreise bin, auch wenn sich manches zu wiederholen scheint, sondern ich bin unterwegs zu einem Ziel. Ich bin unterwegs auf Ostern hin, auch wenn mir die Frage bleibt: Wie lange noch?"

Adalbert Ludwig Balling

Im Blick auf den Tod

Du lebst im finstern Land
dieses Lebens.
Du musst dich mit
Aufwendung aller Mühe
dafür einsetzen,
aus diesem dahinschwindenden
und unsteten Dasein
durch einen guten Tod
in jenes immerwährende,
unveränderliche Leben
hinüberzusegeln,
das nicht mit dem Blick
der leiblichen Augen,
sondern durch den Glauben
erfasst wird.

Hildegard von Bingen

Mein sind die Jahre nicht

Mein sind die Jahre nicht,
die mir die Zeit genommen;
mein sind die Jahre nicht,
die etwa möchten kommen.
Der Augenblick ist mein
und nehm ich den in Acht,
so ist der mein,
der Jahr und Ewigkeit gemacht.

Andreas Gryphius

Jedesmal wenn ein guter Mensch stirbt …

Bei einigen Stämmen in Ostafrika ist es Brauch, nach der Beerdigung eines Mitgliedes der Großfamilie sich im Haus des Verstorbenen zu treffen. Die Verwandten sitzen rings ums offene Feuer; daneben steht ein großer Krug mit Maisbier. Beim Schöpfen verschütten sie absichtlich etwas auf den Boden – es soll den Toten und die anderen verstorbenen Ahnen besänftigen.

Dann nimmt der Kralälteste die Schöpfkelle und reicht sie herum; gleichzeitig heißt er die Geister der Toten willkommen: „Trinkt mit uns, denn wir sind eins!"

Diese uralte Zeremonie ist ein Zeichen der Verbundenheit, der Einheit, der Gemeinsamkeit mit den Vorausgegangenen. Die Kinder, die während der Zeit der Totenklage geboren werden, erhalten (als Beinamen) den des soeben Verstorbenen, damit „sein Geist und seine guten Eigenschaften weiterleben".

Beerdigungen finden in der Regel gegen

Sonnenuntergang statt. Dabei hält einer der Verwandten eine Ansprache. Er zählt die positiven Seiten des Verstorbenen auf und fragt dann mit lauter Stimme: „Ist noch jemand da, dem der Verstorbene etwas schuldet – eine Ziege, Geld, Getreide …? Er soll sich melden!"

Ein Bruder, der älteste Sohn oder sonst einer der nahen Verwandten erklärt sich dann bereit, die Schuld zu begleichen. Ist die Verwandtschaft zu arm, um dafür aufzukommen, dann wird sofort zu einer Kollekte aufgerufen und alle Anwesenden geben ihren Obolus. Die Erde – so der Brauch in Ostafrika – darf den Toten erst bedecken, wenn alle Schulden beglichen sind.

Dazu braucht es keinen Kommentar. Aber vielleicht noch ein Wort eines senegalesischen Dichters: „Jedesmal wenn ein guter Mensch stirbt, ist es, als brenne eine ganze Bibliothek ab."

Adalbert Ludwig Balling

Zukunftspläne

Ein Weiser fragte einen jungen Mann an seinem 18. Geburtstag nach seinen Zukunftsplänen.

„Ich möchte studieren", war die Antwort.

„Und dann?"

„Dann will ich heiraten, eine Familie gründen und im Beruf vorankommen."

Der Weise fragte weiter: „Und dann?"

„Nun, dann will ich genug Geld verdienen, um mir etwas leisten zu können, Reisen möchte ich machen, ein schönes Haus möchte ich haben."

„Und dann?"

„Mehr Pläne habe ich eigentlich nicht", sagte der junge Mann.

Da sah ihn der weise Mann voll Mitleid und Güte an und sagte: „Deine Pläne sind viel zu klein. Sie reichen ja höchstens für 70, 80 Jahre! Sie sollten groß genug sein, um auch Gott einzuschließen, und weit genug, um auch die Ewigkeit zu umfassen."

Reinhard Abeln

Sich auf das Ende vorbereiten

In einem Fernsehspiel nach einer Erzählung von Henry James hieß es: „Am unglücklichsten sind immer jene, die zurückbleiben, die überleben." Diesen Satz sollte man sich merken. Man sollte ihn denen sagen, die mit Selbstmord drohen. Sie ziehen den Fluchtweg vor; sie hinterlassen, wenn sie ernst machen mit ihrer Drohung, unglückliche Verwandte und Freunde.

Man sollte diesen Satz aber auch dann ins Gedächtnis rufen, wenn in einem Hause der Tod einkehrte, wenn ein Mensch abgerufen wurde. Jene, die zurückbleiben, haben es schwer. Es können unendlich leidvolle Tage, Wochen oder gar Monate werden für die, die überleben. Weil sie sich vorwerfen – oft dummerweise und unvernünftig –, sie hätten für den Verstorbenen mehr tun, ihn besser behandeln, ihm öfter Freude bereiten können. Damals, als er noch am Leben war. Jetzt ist es zu spät. Jetzt greifen sie sich an den Kopf und quälen sich: Wie konnte ich nur?

Bei aller gebotenen Selbstprüfung sollten wir nicht vergessen, dass es in keines Menschen Leben ohne diese leidvolle Erfahrung geht; dass niemand davor verschont bleibt; dass wir alle irgendwann einmal im Leben mit dem „Phänomen" Tod konfrontiert werden – und dass das gut ist. Denn jeder von uns muss sich, so oder so, auf sein letztes Stündlein vorbereiten. Dabei kann uns niemand so recht helfen. Dafür müssen wir selbst Erfahrungen sammeln.

Gottes Sohn hat Todesängste ausgestanden auf Golgota. Am Ölberg schwitzte er Blut. Er hatte keine sichtbaren Erfolge, als er sich von den Jüngern verabschiedete. Macht und Ehre und Ruhm und Reichtum blieben ihm fern. Ehe er ans Kreuz genagelt wurde, hat er Bitteres erfahren müssen. Aber er ist nicht daran verzweifelt.

Wir können in ähnlich schweren und aussichtslosen Situationen beten wie Jesus: Dein Wille, HERR, geschehe. An uns und an denen, die uns lieb sind.

Adalbert Ludwig Balling

Am Ende meines Weges ...

Am Ende meines Weges ist ein tiefes Tal.

Ich kenne es nicht; ich weiß nicht, wohin es führt.

Aber ich werde mich niedersetzen und nachdenken;

vielleicht bedrücken mich Zweifel.

Doch dann wird ein Vogel kommen

und übers Tal fliegen – und ich werde

mir wünschen, ein Vogel zu sein.

Eine Blume wird erblühen

jenseits des Tals

und ich werde wünschen, eine Blume zu sein.

Eine Wolke wird über den Himmel heraufziehen

und ich werde wünschen, eine Wolke zu sein.

Ich werde nachdenken und mich selbst vergessen

und mein Herz wird leicht wie eine Feder,

zart wie eine Margerite,

durchsichtig wie der weite Himmel über mir.

Und ich werde aufblicken

und das tiefe Tal wird nur noch ein kleiner

Sprung entfernt sein, ein Sprung

zwischen Zeit und Ewigkeit.

Indianer-Weisheit/Nordamerika

Brief einer krebskranken Mutter

Vor Kurzem wurde mir von Bekannten der Brief einer 52-jährigen Frau, Mutter von sechs Kindern, zugeschickt. Er war wenige Wochen vor ihrem Tod geschrieben worden. Hier ein paar Auszüge:

„Wissen Sie, wo man den dennoch liebenden Gott wiederfindet: in jedem gütigen Wort einer Krankenschwester, in jeder Hilfeleistung, die einem die Schmerzen erträglicher macht, in jeder Frist, die einem noch gewährt wird, in jedem sorgenden Bemühen der Angehörigen, in jedem Sonnenstrahl, den ich noch sehen darf, in jeder Blume … Und ich finde ihn auch da, wo wir als gesunde, unbekümmerte Menschen ihn zu finden uns am meisten wehren: im leidenden Menschen, der sein Kreuz auf sich nimmt. Es ist der leidende Christus mitten unter uns. Täglich erlebe ich ihn hier in geängstigten Herzen oder auf den Gesichtern meiner Mitpatienten. Was kann man da noch tun oder geben? Vielleicht ein klein wenig das weitergeben, was man selbst erhofft: Mut zum Weitermachen, Dank für jeden Tag! Wie sehr Christsein menschliches Erbarmen sein muss, ist mir hier erst richtig klar geworden …"

Wer mit offenen Augen, mit auf Empfang eingestellten Ohren und mit einem aufnahmebereiten Herzen durchs Leben geht, begegnet fast täglich Menschen, die etwas zu sagen haben, die etwas ausstrahlen, die bereit sind, Lebenshilfe zu geben.

Dabei meine ich gar nicht in erster Linie die Großen, die längst Bekannten, die Prominenten. Ich denke an Leute wie die krebskranke Mutter, aus deren Brief ich hier zitiert habe.

Sie wusste um ihr unabwendbares Schicksal. Sie murrte nicht, sie verfiel nicht in flügellahme Gleichgültigkeit; sie fand sich auch nicht nur mit ihrem Los ab, sondern nahm bewusst an, was ihr zustieß, und sie versuchte obendrein jenen Tipps zu geben, die zurückblieben, die vielleicht einmal in eine ähnliche Situation geraten würden.

Sie forderte auf, für jeden Tag zu danken.

Ist es heute wirklich so altmodisch, wenn manche Christen am Abend, vor dem Schlafengehen, den Tag noch einmal kurz überdenken und ein Dankeschön sprechen?

Adalbert Ludwig Balling

Unzerstörbar

Ich habe die feste Überzeugung, dass unser Geist ein Wesen ist ganz unzerstörbarer Natur; es ist ein Fortwirkendes von Ewigkeit zu Ewigkeit. Es ist der Sonne ähnlich, die selbst unseren irdischen Augen unterzugehn scheint, die aber eigentlich nie untergeht, sondern unaufhörlich fortleuchtet.

Johann Wolfgang von Goethe

Ach, Schwester, hör mir gut zu!

Den folgenden Text, hier aus dem Englischen übersetzt und leicht gekürzt, hat man in einem schottischen Altenheim unter dem Kopfkissen einer grauhaarigen älteren Dame gefunden – nach ihrem Tod. Das Personal hatte die „komische Alte" seit längerer Zeit als völlig verwirrt und uninteressiert geschildert. Dem war offensichtlich nicht ganz so. Ihr Brief spricht eine andere Sprache:

„Ach, Schwester, komm näher und hör mir zu! Sag, was denkst du eigentlich, wenn du mich siehst? Du hältst mich für ein altes runzeliges Mütterchen, krumm und wacklig auf den Beinen; eine komische Alte, die ständig nach dem Löffel sucht, sich beim Essen bekleckert und alles vergisst. Bin ich für dich wirklich eine Verrückte, die eine Krücke braucht und nicht mehr weiß, was sie tut? Die sich waschen und füttern lässt und bloß im Rollstuhl herumsitzt?

Ja, ich denke oft an meine Kindheit: Mit

zehn Jahren bei meiner Mutter und mit meinen Geschwistern. Dann, mit 17, lache ich mich durchs Leben. Ich werde zwanzig und verlobe mich. Mein Herz schlägt wie wild am Tag der Hochzeit.

Mit 25 weiß ich: Meine Kinder brauchen mich; sie sind noch klein, aber sie wachsen rasch heran. Eines Tages verlassen sie das Haus. Wir, mein Mann und ich, sind wieder allein. Mit 50 werde ich Großmutter; neues Leben kommt ins Haus; das Lachen kehrt zurück. Dann stirbt mein Mann. Es wird düster in meinem Leben. Ich werde einsam. Alle haben so viel zu tun. Auch mit sich selbst. Aber ich erinnere mich an alles.

Und jetzt lassen meine Kräfte nach. Ich bin lahm und zittrig geworden, ein altes vertrocknetes Weib. Doch glaub mir, Schwester, im alten Gestell brennt immer noch ein kleines Feuer! Mein Herz ist voller Freude aus früheren Jahren. Natürlich ist es auch angefüllt mit Schmerz und Leid. Aber das gibt sich mit den Jahren …

Sieh in meine Augen, Schwester! Da findest du mich, so wie ich bin und fühle. Hör mir gut zu, meine Liebe, und komm näher …"

Adalbert Ludwig Balling

Zur Welt muss ich hinaus

Zur Welt muss ich hinaus,
Der Himmel ist mein Haus,
Da in den Engelscharen
Mein Eltern und Vorfahren,
Auch Schwestern, Freund und Brüder
Jetzt singen ihre Lieder.

Hie ist nur Qual und Pein,
Dort, dort wird Freude sein!
Dahin, wenn es dein Wille,
Ich fröhlich, sanft und stille
Aus diesen Jammerjahren
Zur Ruhe will abfahren.

Paul Gerhardt

Ich wünsche dir die Erinnerung an die Toten

„Wenn du bei Nacht den Himmel anschaust, wird es sein, als lachten alle Sterne, weil ich auf einem von ihnen wohne; weil ich auf einem von ihnen lache. Du allein wirst Sterne haben, die lachen können!" Diese Worte fand ich auf einem Totenzettel Sie stammen von Antoine de Saint-Exupéry.

Man kann sie missverstehen. Man kann sie aber auch so deuten, dass sie Mut machen und Hoffnung spenden für uns, die wir nach einem Abschied „zurückgeblieben" sind und mit Wehmut an die Menschen denken, die uns durch ihren Tod verlassen haben.

Der Mensch, der zum Sterben berufen ist, sollte auch zum Sterben begabt sein. Wir sind Wesen auf Zeit. Geschöpfe, auf Wandel eingestellt. Auf Gott bezogen, auf das Jenseits wartend und hoffend.

Wir wissen um unser kurzes Dasein, kennen unsere Endlichkeit, haben kein Kraut gegen den Tod gefunden. Menschlich ist es, wenn wir auch die Erinnerung an jene pflegen, die uns in den Tod vorangegangen sind.

In guter Erinnerung sollten wir sie behalten. Ohne zu lügen; ohne zu beschönigen. Im Alten Rom hieß es: „Nemo ante mortem beatus!" Man solle keinen glücklich nennen, bevor man wüsste, wie er gestorben sei.

„Keiner von uns weiß, wie tief er aus der Kraft der Gnade lebt, die ihm durch andere zuströmt" (Romano Guardini). Keiner von uns weiß, wie viel Kraft und Gnade wir denen verdanken, die vor uns waren. Das sollte uns anspornen, die dankbare Erinnerung an jene, die uns verlassen haben, wachzuhalten.

– Ich wünsche dir die Erinnerung an die Toten. Sie sind deine „guten Geister" (auch) in bösen Tagen.

– Ich wünsche dir Gottes Kraft und Segen, wenn du dich derer erinnerst, die bei dir waren und dir (immer noch) viel bedeuten.

– Ich wünsche dir, dass du niemals vergisst:
  „Die Brücke zwischen dem Land der Leben-
  den und der Toten ist die Liebe" (Thornton
  Wilder).

Adalbert Ludwig Balling

Nur das verschenkte Geld zählt

Ein reicher Mann dachte auch im Sterben nur an das, woran er sein Leben lang gedacht hatte: an sein Geld. Mit letzter Kraft löste er den Schlüssel vom Band, das er am Hals trug, winkte der Magd, deutete auf die Truhe neben seinem Lager und befahl, ihm den großen Beutel Geld in den Sarg zu legen.

Im Himmel sah er dann einen langen Tisch, auf dem die feinsten Speisen standen. „Sag, was kostet das Lachsbrot?", fragte er.

„Eine Kopeke", wurde ihm geantwortet.

„Und die Sardine?"

„Gleich viel."

„Und die Pastete?"

„Alles eine Kopeke."

Er schmunzelte. Billig, dachte er, herrlich billig!

Der Mann wählte eine ganze Platte aus. Aber als er mit einem Goldstück bezahlen wollte, nahm der Verkäufer die Münze nicht.

„Alter", sagte er und schüttelte bedauernd

den Kopf, „du hast wenig im Leben gelernt!"

„Was soll das?", murrte der Alte. „Ist mein Geld nicht gut genug?"

Da hörte er die Antwort: „Wir nehmen hier nur das Geld, das einer verschenkt hat."

Russische Legende

Schmunzelnd dem Tod entgegengehen

Als eine 90-jährige Dame zu dem 95-jährigen Bernard Le Bovier (1657–1757) sagte: „Der Tod hat uns anscheinend vergessen", antwortete dieser – die Hand vor dem Mund: „Psst! Ganz leise. Wir wollen ja nicht auf uns selber aufmerksam machen!"

Der Frankfurter Bankier Amschel Maier Rotschild zu seinem Hausarzt: „Nun geht es dem Ende entgegen, oder?"

Der Arzt widersprach vehement: „Wo denken Sie hin, Herr Baron? Sie können noch 100 Jahre alt werden!"

Rotschild schmunzelte verschmitzt: „Ach, wenn mich der liebe Gott kann haben mit neunundsiebzig, da wird er mich doch nicht nehmen zu hundert!"

Leo XIII. war 94 Jahre alt, als ihm eifrige Gratulanten wünschten, er möge 100 Jahre erreichen. Der greise Papst lächelnd: „Man soll dem Wohlwollen Gottes keine Grenzen setzen!"

Ein Tiroler Bergbauer wurde auf dem Sterbelager vom Pfarrer gefragt, ob er seinen Frieden mit dem Herrgott gemacht habe.

„Wieso Frieden?", wollte der Alte wissen. „Wir haben doch nie Krach gehabt!"

Adalbert Ludwig Balling

Zum Nachdenken

Ein Tag, der sagt dem andern,
mein Leben sei ein Wandern
zur großen Ewigkeit.
O Ewigkeit, so schöne,
mein Herz an dich gewöhne.
Mein Heim ist nicht in dieser Zeit.
Gerhard Tersteegen

Das Sterben ist nicht nur ein Hinausgehen
über die Grenzen des Todes,
sondern auch
ein Hineingehen in ein ewiges,
neues Leben.
Johannes Paul II.

Alles ist gut.
Nichts Wesentliches vergeht.
Leben beginnt,
nur besser,

unendlich glücklicher
und für immer.
Wir werden heil sein
in göttlicher Liebe.
Quelle unbekannt

Entreiß dich, Seele, nun der Zeit.
Entreiß dich deinen Sorgen
und mache dich zum Flug bereit
in den ersehnten Morgen.
Hermann Hesse

Willst du
das ewige Leben besitzen,
so schätze
das gegenwärtige gering.
Willst du im Himmel
erhöht werden,
demütige dich in der Welt.
Thomas von Kempen

Es ist ein großer
und lobenswerter Tausch,
das Zeitliche
um des Ewigen willen
zu verlassen,
Himmlisches für Irdisches
zu gewinnen,
Hundertfaches für eines
zu bekommen (vgl. Mt 19,29)
und das selige
ewige Leben zu besitzen.
Klara von Assisi

Solange dieses
sterbliche Leben dauert,
sind wir immer in Gefahr,
das ewige zu verlieren.
Teresa von Ávila

Engel, die zum Himmel führen

Kommt herzu, ihr Heiligen Gottes,
eilt ihm (ihr) entgegen,
ihr Engel des Herrn!
Nehmt auf seine (ihre) Seele
und führt sie vor das Anlitz
des Allerhöchsten!
Christus nehme dich auf,
der dich berufen hat,
und in das Himmelreich
sollen Engel dich geleiten.

Aus der Totenliturgie

Der Engel mit dem goldenen Schlüssel

Von dem berühmten Erzbischof von Mailand und Gegenreformator Karl Borromäus (1538–1584) wird berichtet, er habe einst einem Künstler den Auftrag gegeben, ein Bild des Todes zu malen.

Nach einiger Zeit übergab ihm der Maler eine Skizze. Er hatte den Tod dargestellt als Knochenskelett mit der Sense in der Hand. Aber damit war der Bischof nicht einverstanden.

„So sollst du den Tod nicht malen", erklärte er bestimmt, „stelle ihn dar als einen Engel mit einem goldenen Schlüssel in der Hand!"

Reinhard Abeln

Der Engel

Jedes Mal, wenn ein gutes Kind stirbt, kommt ein Engel Gottes hernieder auf die Erde, nimmt das tote Kind in seine Arme, breitet die großen, weißen Flügel aus und fliegt über alle die Stätten hin, die das Kind lieb gehabt hat, und pflückt eine ganze Handvoll Blumen, die er zum lieben Gott hinaufbringt, damit sie dort noch schöner als auf der Erde blühen. Der liebe Gott drückt alle Blumen an sein Herz, aber der Blume, die ihm die liebste ist, der gibt er einen Kuss und dann bekommt sie eine Stimme und kann in der großen Glückseligkeit mitsingen.

Sieh, dies alles erzählte ein Engel Gottes, indem er ein totes Kind zum Himmel hinauftrug, und das Kind hörte es wie im Traum, und sie flogen über die Stätten in der Heimat dahin, wo das Kind gespielt hatte, und sie kamen durch Gärten mit schönen Blumen. „Welche wollen wir nun mitnehmen und in den Himmel pflanzen?", fragte der Engel.

Und da stand ein schlanker, wunderschöner Rosenstock, aber eine böse Hand hatte den Stamm geknickt, sodass alle Zweige voll großer, halb aufgebrochener Knospen welk herabhingen.

„Der arme Baum!", sagte das Kind. „Nimm den, damit er oben bei Gott zum Blühen kommen kann!"

Und der Engel nahm ihn und küsste das Kind dafür. Sie pflückten von den reichen Prachtblumen, nahmen aber auch die verachtete Goldblume und das wilde Stiefmütterchen mit.

„Nun haben wir Blumen!", sagte das Kind und der Engel nickte, aber sie flogen noch nicht zu Gott empor. Es war Nacht, es war ganz still, sie blieben in der großen Stadt, sie schwebten durch eine der engsten Gassen, wo ganze Haufen Stroh, Asche und Kehricht lagen; es war Umzugstag gewesen. Der Engel zeigte in all diesem Durcheinander auf ein paar Scherben von einem Blumentopf und einen Klumpen Erde, der daraus herausgefallen war und von den Wurzeln einer großen verwelkten Herbstblume zusammengehalten wurde, die gar nichts mehr taugte und darum auf die Straße geworfen worden war.

„Die nehmen wir mit!", sagte der Engel, „ich will dir von der Blume erzählen, während wir fliegen."

Und dann flogen sie und der Engel erzählte: „Da unten in der engen Gasse in dem niedrigen Keller wohnte ein armer, kranker Knabe; von ganz klein auf war er immer bettlägerig gewesen, wenn er am allergesündesten war, konnte er auf Krücken ein paarmal in der kleinen Stube auf- und niedergehen, das war alles. An einigen Tagen im Sommer drangen die Sonnenstrahlen eine halbe Stunde lang bis auf den Flur des Kellers, und wenn der kleine Knabe dann dasaß und sich von der warmen Sonne bescheinen ließ, dann hieß es: Ja, heute ist er draußen gewesen! – Er kannte den Wald und sein schönes Frühlingsgrün nur dadurch, dass der Sohn des Nachbarn ihm den ersten Buchenzweig brachte, und den hielt er über seinen Kopf und träumte dann, dass er unter Buchen sei, wo die Sonne scheine und die Vögel sängen. An einem Frühlingstage brachte der Sohn des Nachbarn ihm auch Feldblumen und zwischen diesen war zufällig eine mit Wurzeln und darum wurde sie in einen Blumentopf gepflanzt und an das Fenster dicht am Bett gestellt. Und die Blume war von glücklicher Hand gepflanzt worden, sie wuchs, trieb neue Schöße und trug jedes Jahr ihre Blumen; sie wurde des kranken Knaben schönster Blumengarten, sein kleiner Schatz hier auf Erden; er begoss sie und pflegte sie und sorgte dafür, dass sie jeden Sonnenstrahl bekam bis zum allerletzten, der über das niedrige Fenster hinglitt; und die Blume selbst wuchs in seine Träume hinein, denn für ihn blühte sie, verbreitete ihren Duft und erfreute sein Auge, zu ihr wandte er sich im Tode, als der liebe Gott ihn rief. – Ein Jahr ist er nun bei Gott gewesen, ein Jahr hat die Blume vergessen am Fenster gestanden und ist verwelkt und daher beim Umzug in den Kehricht auf die Straße hinausgeworfen worden. Und das ist die Blume, die arme, vertrocknete Blume, die wir mit in unseren Blumenstrauß genommen haben, denn die Blume hat mehr Freude bereitet als die reichste Blume in dem Garten einer Königin!"

„Aber woher weißt du das alles?", fragte das Kind, das der Engel zum Himmel hinauftrug.

„Ich weiß es!", sagte der Engel. „Ich war ja selbst der kranke, kleine Knabe." Und das Kind öffnete seine Augen ganz und sah in das schöne, frohe Antlitz des Engels hinein und im selben Augenblick waren sie in Gottes Himmel, wo Freude und Glückseligkeit herrschte. Und der liebe Gott drückte das Kind an sein Herz, und da bekam es Flügel so wie der andere Engel und flog Hand in Hand mit ihm; und Gott drückte alle Blumen an sein Herz aber die arme vertrocknete Feldblume küsste er und sie bekam eine Stimme und sang mit allen Engeln, die Gott umschwebten. Und alle sangen sie, Groß und Klein, das gute, liebe Kind und die arme Feldblume, die vertrocknet in der engen, dunklen Gasse gelegen hatte.

Hans Christian Andersen (1805–1875)

Geflügelte Engel warten

Ich kann es nicht erwarten,
auf die Reise zu gehn;
geflügelte Engel auf dem Berg Cinnebar
warten darauf, mich zu führen
zum Heimatland der Unsterblichen.
Ich wasche mein Haar im Tal der Sonne,
in der Dämmerung trockne ich
meinen Körper unter den Neun Gestirnen.
Ich sauge den köstlichen Saft
der Quelle des Fluges ...
Ich zügle meinen forschenden Geist
und steige empor in den Dunst,
umarme eine schwebende Wolke,
fliege aufwärts und bitte
den Himmlischen Wächter,
das Tor aufzuschließen,
das Himmelsportal aufzurollen
und mich einzulassen ...

Ch'u Yuan (um 350 v. Chr.),
der erste namhafte Dichter Chinas

Der Himmel

Es war einmal ein kleiner Heiliger, der hatte viele Jahre ein glückliches und zufriedenes Leben geführt. Als er eines Tages gerade in der Klosterküche beim Geschirrabwaschen war, kam ein Engel zu ihm und sprach: „Der Herr schickt mich zu dir und lässt dir sagen, dass es an der Zeit für dich sei, in die Ewigkeit einzugehen."

„Ich danke dem Herrgott, dass er sich meiner erinnert", erwiderte der kleine Heilige. „Aber du siehst ja, was für ein Berg Geschirr hier noch abzuwaschen ist. Ich möchte nicht undankbar erscheinen, aber lässt sich das mit der Ewigkeit nicht noch so lange hinausschieben, bis ich hier fertig bin?"

Der Engel blickte ihn nach Engelsart weise und huldvoll an und sprach: „Ich werde sehen, was sich tun lässt", und verschwand. Der kleine Heilige wandte sich wieder seinem Geschirrberg zu und danach auch noch allen möglichen anderen Dingen. Eines Tages machte er sich gerade mit einer Hacke im Garten zu schaffen, da erschien auf einmal wieder der Engel. Der Heilige wies mit der Hacke gartenauf und gartenab und sagte: „Sieh dir das Unkraut hier an! Kann die Ewigkeit nicht noch ein bisschen warten?" Der Engel lächelte und verschwand abermals.

Der Heilige jätete den Garten fertig, dann strich er die Scheune. So werkte er fort und fort und die Zeit ging dahin ... Eines Tages pflegte er im Hospital die Kranken. Er hatte eben einem fiebernden Patienten einen Schluck kühlen Wassers eingeflößt, da sah er, als er aufblickte, wieder den Engel vor sich.

Dieses Mal breitete der Heilige nur mitleidheischend die Arme aus und lenkte mit den Augen des Engels Blicke von einem Krankenbett zum anderen. Der Engel verschwand ohne ein Wort.

Als der kleine Heilige sich an diesem Abend in seine Klosterzelle zurückzog und auf sein hartes Lager sank, sann er über den Engel nach und über die lange Zeit, die er ihn nun schon hingehalten hatte. Mit einem Mal fühlte er sich schrecklich alt und müde und er sprach: „O Herr, könntest du deinen Engel doch jetzt noch einmal schicken, er wäre mir sehr willkommen."

Kaum hatte er geendet, stand der Engel schon da … „Wenn du mich noch nimmst", sagte der Heilige, „so bin ich nun bereit, in die Ewigkeit einzugehen!"

Der Engel blickte den Heiligen nach Engelsart weise und huldvoll an und sprach: „Was glaubst du wohl, wo du die ganze Zeit gewesen bist?"

Albert Schweitzer (1875–1965)

Der Auftrag Gottes

Einst sandte Gott den Engel Michael auf die Erde. Er sollte die Seele einer armen Frau abholen, einer Witwe, die nur zwei Kinder hatte und sonst nichts.

Michael kam zur Witwe, doch als er die beiden Kleinen sah, überkam ihn großes Mitleid. Er kehrte sofort zu Gott in den Himmel zurück und sagte, wie leid es ihm sei, dass die Kinder nun sich selbst überlassen würden. Er habe es einfach nicht übers Herz gebracht, die Seele der armen Frau zu holen. – Darauf befahl Gottvater: „Steig hinab auf den Meeresgrund und hol einen Stein herauf!"

Michael tat, wie ihm befohlen wurde. Er brachte einen Stein zu Gott, den er aus dem Meer geholt hatte.

„Zerschlag jetzt den Stein!", sagte Gott zum Engel. Und der zerschlug den Stein und fand darin zwei winzige Würmer.

„Wer kümmert sich um diese Würmer im Stein?", fragte Gott den Engel. Der antwortete:

„Du, Herr, Gott der Heerscharen!"

„Nun gut. Und jetzt wisse, dass ich mich auch um jene armen Kinder sorgen werde, die die arme Frau zurücklassen wird. Jetzt aber geh und verrichte die Arbeit, die ich dir aufgetragen habe!"

Serbische Legende

An den Engel

Wenn mich alle Liebe lässt,
Engel, halte du mich fest.

Vorersehn und beigesendet,
eh die Mutter mich empfing,
nun der Letzte von mir ging.
Engel, eh dein Amt sich endet,

Worte gib, dich zu beschwören,
Worte, dass dir nichts verbleibt
als den Rufer zu erhören,
den der Strom ins Dunkel treibt.

Bruder Engel, jede Nacht,
eh mich noch Dämonen fingen,
haben, Hüter, deine Schwingen
Morgenröten angefacht.

Hast mich nie alleingelassen,
hast mit Blick und Hand geführt
in Entzückung und Gefahr.

Immer hab ich dich gespürt,
auch wo deine Hand zu fassen,
meine Hand zu kraftlos war.
Hast mich brüderlich getragen
quer durch rotes Höllenland,
hast an schroffer Felsenwand
Stufen mir herausgeschlagen,
Strick und Kugeln abgewehrt,
Mauern meinem Gang gespalten,
und wie oft ich dich beschwert,
immer mir die Treu gehalten,
unbedankt und ungegrüßt.
Engel, sei du mein Geleit,
alle Straßen dämmern wüst.
Engel, reiß mich aus der Zeit.

Engel, führ mich, wie es sei,
einmal noch. Dann bist du frei.

Nimm von meiner Brust den Stein.
Lass mich, Engel, nicht allein.

II.

Lass mich, Engel, nicht allein,
wenn die jüngste Kerze lodert,
aufgezehrt und hingemodert
schwankt und schüttert mein Gebein.
Engel, lass mich nicht allein.

Lass mich, Engel, nicht allein,
wenn die letzte Nacht sich rötet.
Dass den Tod das Leben tötet,
präge jeder Ader ein.
Engel, lass mich nicht allein.

Lass mich, Engel, nicht allein,
wenn die bittren Wasser springen,
bis an Kinn und Lippen dringen,
wandle sie in Hochzeitswein.
Engel, lass mich nicht allein.

Lass mich, Engel, nicht allein,
alle Freunde sind im Weiten,
keiner mehr darf mich begleiten.
Du nur, du darfst bei mir sein.
Engel, lass mich nicht allein.

Lass mich, Engel, nicht allein.
Führ aus Leib und Sterbehemde
in das ungeheure Fremde,
in den Ursprung mich hinein.
Engel, lass mich nicht allein.

Werner Bergengruen (1892–1964)

Der Engel aber weinte

Eines Tages starb eine alte Frau, die sehr böse war. Sie hatte keine einzige gute Tat vollbracht in den langen Jahren ihres Lebens. Da kamen die Engel Gottes, ergriffen sie und warfen sie in den Feuersee. Ihr Schutzengel aber stand da und dachte: „Kann ich mich denn keiner einzigen Tat von ihr erinnern, die Gott gefallen könnte?"

Zuletzt fiel ihm doch noch etwas ein und er sagte zu Gott: „Die alte Frau hat einmal aus ihrem Gemüsegärtchen ein Zwiebelchen herausgerissen und es einer Bettlerin gegeben."

Darauf antwortete ihm Gott: „Nimm dieses nämliche Zwiebelchen und halte es ihr hin, sodass sie es ergreifen und du sie aus dem Feuersee herausziehen kannst. Wenn du sie damit aus der Verdammung zu retten vermagst, so möge sie in das Paradies eingehen. Sollte das Zwiebelchen aber reißen, so soll sie bleiben, wo sie ist."

Da lief der Engel zu der Frau und hielt ihr

das Zwiebelchen hin. Er sagte zu ihr: „Fass an; wir wollen sehen, ob ich dich damit herausziehen kann." Und er begann vorsichtig zu ziehen. Beinahe hätte er sie gerettet! Als jedoch die anderen Verworfenen im See bemerkten, dass die Alte herausgezogen wurde, klammerten sich alle an sie, damit man auch sie herausziehe. Weil aber das Weib böse war, stieß sie die anderen mit den Füßen zurück und schrie: „Nur mich allein soll man herausziehen und nicht euch! Es ist mein Zwiebelchen, nicht eures!"

Kaum hatte die böse Frau dies ausgesprochen, riss das kleine Pflänzchen entzwei. Und sie fiel zurück in den Feuersee – für immer. Der Engel aber weinte und ging weg.

Nach Fjodor M. Dostojewskij (1821–1881)

Erscheinung

Weiß sah ich einen Engel vor mir stehn.
Sein Flug, so blendend, hatte Sturmeswehn
Und fernen Meereslärm zur Ruh gebracht.
„Was willst du, Engel, tun in dieser Nacht?",
Rief ich. Und er: „Ich will die Seele dein."
Mir schien, was bang ich sah, ein Weib zu sein;
Und wehrend streckt' ich meine Arme hin
Und schrie: „Was bleibt mir? Denn du willst ja
fliehn."
Doch Schweigen nur. Der Himmel, schattentief,
Erlosch … „Nimmst meine Seele du", ich rief,
„Sag, welchem Orte trägst du sie denn zu?"
Noch immer Schweigen. „Himmelsbote du,
Bist du der Tod, sprich, bist du Leben gar?"
Da, reich von Nacht mein Herz auf einmal war.
Und sich umdunkelnd, schöner doch als Licht,
„Ich bin die Liebe!" jetzt der Engel spricht.
Im Dunkeln sah ich seiner Augen Glanz
Und durch sein Schwingenpaar der Sterne Kranz.

Victor Hugo (1802–1885)

Wenn der Todesengel kommt …

Einmal musste Nasruddin Hodscha für eine Weile das Bett hüten, da er ernstlich krank war. Aber sogar trotz seiner Krankheit konnte er noch Witze machen.

Seine Frau war um die Gesundheit ihres Mannes sehr besorgt und konnte ihre Tränen nicht zurückhalten. Als der Hodscha sie weinen sah, sagte er zu ihr:

„Warum weinst du, Liebes? Geh und wasch dein Gesicht, zieh dein bestes Kleid an und lächle!"

„Aber Hodscha", sagte sie, „das kann ich nicht, wenn du solche Schmerzen hast und so viel leidest."

„Doch", erwiderte Hodscha. „Weil ich weiß, dass der Todesengel bald kommen wird. Und wenn er sieht, wie schön du bist, dann wird er vielleicht seine Meinung ändern und dich anstelle von mir mitnehmen!"

Rabbinische Geschichte (nacherzählt)

Längst verjährt

Der Herzinfarkt kam aus heiterem Himmel.
Noch waren die Nachrufe nicht verfasst, als
Herr S. sich anschickte, vor den himmlischen
Richter zu treten. In der Hand hielt er einen
wenig benutzten Taufschein als Pass für den
Himmel.

Der Engel an der großen Grenze hielt ihn an.
Er prüfte den Schein und sagte dann achselzu-
ckend: „Der ist längst verjährt!"

Überliefert

Ewigkeit ist
end-lose Zeit

Am Ende der Zeit,
am Jüngsten Tag,
erstrahlen alle Werke Gottes
in seinen Auserwählten.
Alles ist vollendet.
Der auf dem Thron sitzt,
hat kein Ende.

Hildegard von Bingen

Freude wird herrschen

In der Bibel finden wir verschiedene Bezeichnungen, die verdeutlichen wollen, wie das himmlische, das ewige Leben sein wird. Da ist die Rede von einem „Mahl" (Mt 8,11; Lk 13,29), von einer „Hochzeit" (Mt 22,2) oder von einem „Königreich" (Mt 25,34).

In der Johannesoffenbarung, gesellen sich zu diesen Bildern weitere hinzu: die „Stämme und Scharen", die „heilige Stadt" oder das „neue Jerusalem" (Offb 21,2). Das sind alles Bildworte, die die Schönheit und das Glück des ewigen Heilszustandes veranschaulichen möchten.

Freude wird herrschen – grenzenlose Freude. Gott wird „alles neu machen". Es wird einen „neuen Himmel" und eine „neue Erde" (Offb 21,1) geben.

Gott wird dem Menschen begegnen mit einem Verstehen, das jedes Begreifen übersteigt. Ob dies nicht jetzt schon ein Grund zur Freude ist?

Phil Bosmans, der bekannte Antwerpener Ordenspriester, Lebensberater und Telefonseelsorger, sagt: „Du wirst sterben, aber du wirst wieder leben. Du wirst auferstehen. Das ist Ostern. Eine unglaubliche Botschaft. Eine fantastische Freude.

Wenn du das glauben kannst, wird es dich so überwältigen, dass du vor Freude tanzen und springen wirst. Deine Tage werden neu werden. Die Sonne wird scheinen.

Die Menschen werden lachen und fröhlich sein. Du hast ein Stück des verlorenen Paradieses wiedergefunden."

Reinhard Abeln

Gott wird abwischen alle Tränen

In Interviews und Fragebogen großer Zeitungen heißt es mitunter: „Was würden Sie mitnehmen, wenn Sie auf einer einsamen Insel leben müssten? Welche Bücher? Welche anderen Gegenstände?"

Ursula von Mangoldt schrieb in ihren Lebenserinnerungen („Gebrochene Lebenslinien", Freiburg): Sie würde lieber andersherum fragen: was man aus seinem Leben als tragenden Inhalt mitnehmen möchte?

Für sich selbst gibt sie die Antwort gleich mit: Ein „tragender Inhalt" aus ihrem Leben sei die Erkenntnis, dass das Verhältnis zwischen Gut und Böse nicht theoretisch zu lösen sei, sondern nur im Glauben.

Ferner sei für sie ein Wort des Apostels Paulus an die Korinther sehr wichtig, der Glaube an den auferstandenen Christus: „Ohne diesen Glauben würde ich das Schwere und Leidvolle in der Welt nicht begreifen und ertragen können."

Zuletzt, so Ursula von Mangoldt, bestehe ihre Hoffnung und ihr Glaube in den Worten der Offenbarung: „Und Gott wird abwischen alle Tränen."

Adalbert Ludwig Balling

In Gottes Ewigkeit

Du starker Gott, der diese Welt
im Innersten zusammenhält,
du Angelpunkt, der unbewegt
den Wandel aller Zeiten trägt.

Geht unser Erdentag zu End',
schenk Leben, das kein Ende kennt:
Führ uns, dank Jesu Todesleid,
ins Licht der ew'gen Herrlichkeit.

Vollenden wir den Lebenslauf,
nimm uns in deine Liebe auf,
dass unser Herz dich ewig preist,
Gott Vater, Sohn und Heiliger Geist.

Kirchliches Stundenbuch

Ewig bei Gott

Die Welt ist schön,
weil es die Zeit gibt –
den Tag,
die Stunde,
die Minute,
die Woche,
den Monat,
das Jahr;
Jahrzehnte,
Jahrhunderte,
Jahrtausende …
Die Ewigkeit ist end-lose Zeit.
Ewig werden wir bei Gott sein,
wenn er uns heimruft,
wenn er uns jenen Lohn schenkt,
der denen zuteilwird,
die ihn lieben.

Adalbert Ludwig Balling

Englischer Rasen im Jenseits?

Als Kardinal John Heenan im Herbst 1975 starb, veröffentlichte die „Times" sein Vermächtnis, das er ihr fünf Jahre vorher übergeben hatte. Darin beschreibt der Kardinal auch seine Vorstellungen über das Leben nach dem Tod:

„Oft hoffe ich, dass der Himmel wie ein Passagierschiff mit nur einer Klasse ist, wo alle einander begegnen können. Im Evangelium heißt es: In meines Vaters Haus sind viele Wohnungen. Das macht mir ein bisschen Sorge. Ich habe Verwandte und Freunde, die in den besseren Wohnungen zu finden sein werden – meine Mutter zum Beispiel. Sie wird im Himmel höher stehen als ich. Sie war eine Heilige, wenn ich an die Launen meines Vaters denke. Ich hoffe, dass es auch Blumen und englischen Rasen gibt, damit ich ihn mähen kann wie jetzt auf der Erde ..."

Eine (deutsche) Briefschreiberin sandte mir den Zeitungsausschnitt und bemerkte dazu:

„Finden Sie nicht auch, dass man dies nicht hätte veröffentlichen sollen? Es ist doch reichlich banal, was der Kardinal da von sich gibt!"

Wie die Äußerungen des britischen Kardinals auch immer beurteilt werden, ich kann in ihnen keine Häresie entdecken. Warum soll ein Erzbischof nicht einmal seine kindlich-einfachen Vorstellungen über das Leben nach dem Tod laut sagen dürfen?

Es sind persönliche Ansichten – wie Kardinal Heenan sie wohl auch verstanden wissen wollte: harmlose, niedliche (manche werden sagen: zu niedliche!) Bilder über den Himmel und das Leben jener, die einmal dort sein werden. Aber „banal" sollten wir sie nicht nennen.

Banal heißt so viel wie abgedroschen, fade, alltäglich, unoriginell. Und gerade das sind die blumenreichen Schilderungen des ehemaligen Primas von Großbritannien nicht. Sie sind – für einen Kardinal – vielleicht außergewöhnlich untheologisch. Aber was soll's? Welcher Theologe kann sich ein Bild vom Himmel machen?

Warum sollte sich Heenan nicht eine „klassenfreie" Gesellschaft wünschen, warum nicht auch das Wiedersehen mit lieben Verwandten? Und warum nicht mit Blumen und englischem Rasen?

Adalbert Ludwig Balling

Das ewige Leben

Alle Tage
des Menschen vergehen
und fallen der
Vergessenheit anheim;
das ewige Leben
aber währt beständig
und ist immer neu,
wie ein Sommer es ist,
der in jedem Jahr
neue Frucht schenkt.

Hildegard von Bingen

Freude ohne Ende

Je mehr du kämpfst,
umso mehr beweist du
deine Liebe
zu deinem Gott
und umso mehr wirst
du dich einst
bei ihm freuen.
Und diese Freude
wird ohne Ende sein.

Teresa von Ávila

Ahnungen einer Mutter

Als die Mutter von Roger Schutz, dem Gründer der Mönchsgemeinde von Taizé, 90 Jahre alt wurde, erklärte sie nach dem Besuch der Kirche gegenüber Freunden, sie wisse, dass sie im Jenseits Gott unaufhörlich lobpreisen werde:

„Da dieses Lob aber bereits der beste Teil meines Lebens auf dieser Erde ist, kann ich nur ahnen, wie groß die Schönheit ist, die ich dort erleben werde."

Adalbert Ludwig Balling

Zum Nachdenken

Der Himmel,
der auf uns wartet,
ist sehr schön;
dort werden wir
zufriedener sein als hier
und glücklich
und in Frieden.
Johannes XXIII.

Was ist die Ewigkeit?
Gott.
Ewigkeit ist einzig
dadurch Ewigkeit,
dass sie unendliches
Leben ist.
Daher lebt Gott
in Ewigkeit.
Hildegard von Bingen

Gebete um
einen guten Tod

Gebet ist Freude.

Gebet ist Sonnenschein der Liebe Gottes.

Gebet ist die brennende Flamme
von Gottes Liebe zu dir und mir.

Gebet ist Hoffnung auf ewige Glückseligkeit.

Mutter Teresa

Was die Vorbereitung auf den Tod angeht, ist das Gebet das beste und hilfreichste Mittel. Das Gebet – der „Atem der Seele", wie die Weisen aller Jahrhunderte sagen – ist wie ein Seil, an dem Gott uns in seine Nähe zieht.

Lass genug sein, Herr

Bitter und hart ist das Brot des Alters.
Wie reich erschien ich mir früher,
wie arm bin ich nun,
einsam und hilflos.
Wozu tauge ich noch auf Erden?
Schmerzen plagen mich Tag und Nacht.
Träge rinnen meine Stunden dahin
in schlaflosen Nächten.
Ich bin nur noch ein Schatten dessen,
was ich einmal war.
Ich falle den andern zur Last.

Herr, lass genug sein!
Wann wird die Nacht enden?
Wann wird der Tag sich lichten?
Hilf mir in Geduld und Gelassenheit.
Zeige mir dein Antlitz,
je mehr mir alles andere entschwindet.
Lass mich den Atem der Ewigkeit verspüren,
nun, da mir die Zeit dahinflieht.
Auf dich, Herr, habe ich gehofft.

Lass mich nicht zugrunde gehen
in Ewigkeit.

Michelangelo Buonarroti (1475–1564)

Bis ich dich sehe

Jesus, an dich glaub ich,
bis ich dich sehe.
Auf dich hoffe ich,
bis ich daheim bei dir bin.
Dich liebe ich,
bis ich dein Angesicht schaue
und im Schauen dich ewig liebe.

Johann Michael Sailer (1751–1832)

Nur eine kurze Zeit

Herr!
Wie viel Tage habe ich noch?
Sage es mir, damit mir klar wird,
wie vergänglich ich bin!
Nur eine kurze Zeit
hast du uns zugemessen.
Und die Zeit unseres Lebens
ist wie ein Nichts vor dir.
Der Mensch ist nicht mehr als ein Hauch.
Er häuft Schätze auf
und weiß nicht, für wen.
Auf was sollen wir hoffen?
Herr! Ich hoffe nur auf dich.

Nach Psalm 39,5–8

Nimm von mir alle Angst

Guter und barmherziger Gott!
Ich weiß nicht,
wie lange ich noch zu leben habe.
Das liegt ganz allein in deiner Hand.
Um eines aber bitte ich dich:
Nimm von mir die Angst
vor dem Sterben und dem Tod!
Lass mich nicht krampfhaft
an diesem irdischen Leben kleben
und nicht um ein paar Jahre,
Wochen oder Tage feilschen!
Hilf mir, dem Tod mit Ergebung
und Gelassenheit entgegenzusehen,
erfüllt von der Hoffnung
auf die Auferstehung!
Schenke mir eine gute Todesstunde
und lass mich eines Tages
glücklich bei dir wohnen!

Reinhard Abeln

Alles überlasse ich dir

Was ich habe und besitze, o Herr,
hast du mir geschenkt.
Ich gebe es dir wieder ganz und gar zurück
und überlasse alles dir,
dass du es lenkst nach deinem Willen.

Ignatius von Loyola (1491–1556)

Hilf mir in dieser Stunde

Hilf mir in meiner Verzweiflung,
Herr, mein Gott.
Ich hänge zwischen Leben und Tod.
Meine Krankheit macht mir Schmerzen.
Meine Hilflosigkeit
und das Unvermögen derer,
die mir helfen wollen, quälen mich.
Ich muss damit rechnen,
dass es zu Ende geht.
Ich rufe dich um Hilfe an.
Lass mich noch einmal gesund werden!
Ich will das zurückgegebene Leben
besser zu deiner Ehre
und für meine Mitmenschen nützen
als die bisherigen Jahre.
Solltest du aber entscheiden,
dass ich sterben muss,
hilf mir in dieser Stunde!

Lass mich deiner Gnade gewiss werden
im Blick auf das kommende Gericht

und gib mir die Zuversicht
des ewigen Lebens!

Blaise Pascal (1623–1662)

Sei mir Stab und Stütze

Sei meinem Alter Stab und Stütze
und Licht im Dunkel, Trost im Leid –
dass ich die letzten Stunden nütze,
bis du mich rufst aus dieser Zeit,
auf dass ich ewig dich besitze
im Reiche deiner Herrlichkeit.

Matthias Claudius (1740–1815)

Wir sind nur Gast auf Erden

Wir sind nur Gast auf Erden
und wandern ohne Ruh
mit mancherlei Beschwerden
der ewigen Heimat zu.

Nur einer gibt Geleite,
das ist der Herre Christ;
er wandert treu zur Seite,
wenn alles uns vergisst.

Und sind wir einmal müde,
dann stell ein Licht uns aus,
o Gott, in deiner Güte;
dann finden wir nach Haus.

Georg Thurmair (Gotteslob 2013, Nr. 505)

Wie es dir gefällt

Wie du denn, lieber Gott, mein bist,
will ich gerne sterben;
denn so gefällt es dir, lieber Vater,
und der Tod kann mir nicht schaden,
er ist verschlungen in den Sieg.
Und dir, lieber Herr und Gott, sei Dank,
der du uns den Sieg gegeben hast
durch unseren Herrn Jesus Christus.

Martin Luther (1483–1546)

Kröne unser Sehnen, Herr

In den Felsspalten versteckt,
genügt es uns schon,
den Saum deines Mantels
wahrzunehmen;
dich als leichten Wind zu spüren,
der uns in innere,
friedvolle Ruhe versetzt –
oder als feinen Regen,
der die Bäche über die Ufer treten lässt.

Herr,
nicht immer haben wir
in deiner Gegenwart gelebt.
Noch haben wir dich genug verehrt
in unseren Brüdern und Schwestern.
Doch wir haben die Sehnsucht nach dir
und deiner Liebe
in uns lebendig erhalten.
Nun erwarten wir den Bruder Tod,
um dich so lieben zu können,
wie du uns liebst.

Herr,
stärke, was du in uns wirkst.
Gib, was die Hoffnung in uns wachruft.
Kröne mit deinem Segen
unser Sehnen.

Bernhard Häring zugesprochen

Den Himmel vor Augen

Herr, lass mich erkennen,
wie vergänglich das Irdische ist.
Gib, dass ich meinen Tod vor Augen halte,
mit Ernst an dein Gericht denke,
der Verwerfung entgehe
und den Himmel erlange.

Papst Clemens XI. (1700/1721)

Führe uns zum Licht

Wenn unser letzter Tag sich neigt,
dann wehre, Herr, der Finsternis
und führe uns in deiner Huld
zum Licht, das keinen Abend kennt.

Dies schenk uns, Vater voller Macht,
und du, des Vaters einz'ger Sohn,
die ihr in Einheit mit dem Geist
auf ewig thront im Reich des Lichts.

Aus dem Stundenbuch (7./8. Jh.)

Seele Christi, heilige mich

Seele Christi, heilige mich.

Leib Christi, rette mich.

Blut Christi, tränke mich.

Wasser der Seite Christi, wasche mich.

Leiden Christi, stärke mich.

O guter Jesus, erhöre mich.

Birg in deinen Wunden mich.

Von dir lass nimmer scheiden mich.

Vor dem bösen Feind beschütze mich.

In meiner Todesstunde rufe mich,

zu dir zu kommen heiße mich,

mit deinen Heiligen zu loben dich

in deinem Reiche ewiglich.

Altes Gebet

Es will das Licht des Tages scheiden

Es will das Licht des Tages scheiden,
Nun bricht die stille Nacht herein.
Ach, könnte doch des Herzens Leiden,
So wie der Tag vergangen sein.
Ich leg mein Flehen dir zu Füßen,
O trag's empor zu Gottes Thron
Und lass, Madonna, lass dich grüßen
Mit des Gebetes frommen Ton.
Ave Maria.

Es will das Licht des Glaubens scheiden,
Es bricht des Zweifels Nacht herein.
Das Gottvertrau'n der Jugendzeiten,
Es soll mir, ach, gestohlen sein.
Erhalt, Madonna, mir im Alter
Der Kindheit frohe Zuversicht.
Schütz meine Harfe, meine Psalter,
Du bist mein Heil, du bist mein Licht.
Ave Maria.

Es will das Licht des Lebens scheiden,
Nun bricht des Todes Nacht herein.
Die Seele will die Schwingen breiten.
Es muss, es muss gestorben sein.
Madonna, ach, in deine Hände,
Leg ich mein letztes heißes Fleh'n.
Erbitte mir ein gläubig Ende
Und dann ein selig Aufersteh'n.
Ave Maria.

Karl May

Wenn das Ende naht

Guter Gott, ich danke dir,
dass ich dich am Ende
meines Lebens finden werde
und für immer bei dir bleiben darf.
Weite mir Blick und Herz
für den großen Augenblick,
wo du mir eine Ewigkeit hindurch
Glück und Freude schenken wirst!

Reinhard Abeln

Führ uns zur Herrlichkeit

Du starker Gott, der diese Welt
im Innersten zusammenhält,
du Angelpunkt, der unbewegt
den Wandel aller Zeiten trägt.

Geht unser Erdentag zu End',
schenk Leben, das kein Ende kennt:
Führ uns, dank Jesu Todesleid,
ins Licht der ew'gen Herrlichkeit!

Ambrosius (+ 397)

Sterben ist mein Gewinn

Christus, der ist mein Leben.
Sterben ist mein Gewinn.
Ihm will ich mich ergeben;
mit Fried fahr ich dahin.

Mit Freud fahr ich von dannen
zu Christ, dem Bruder mein,
auf dass ich zu ihm komme
und ewig bei ihm sei.

In dir, Herr, lass mich leben
und bleiben allezeit,
so wirst du mir einst geben
des Himmels Wonn und Freud.

Jena 1609 (Gotteslob 1975, Nr. 662)

Herr, ich komme zu dir

Herr, ich komme zu dir,
denn ich habe in deinem Namen
den Acker bestellt.
Dein ist die Saat.
Ich habe diese Kerze gebildet.
An dir ist es, sie anzuzünden.
Ich habe diesen Tempel gebaut.
An dir ist es,
sein Schweigen zu bewohnen.

Antoine de Saint-Exupéry (1900–1944)

An dich glaub ich

An dich glaub ich,
auf dich hoff ich,
Gott, von Herzen lieb ich dich.
Niemand soll mir diesen Glauben,
weder Tod noch Hölle, rauben.

Und wenn einst mein Herz will brechen,
will ich noch im Sterben sprechen:
An dich glaub ich,
auf dich hoff ich,
Gott, von Herzen lieb ich dich.

Überliefert

Am Ende der Tage

Wenn ich an Ende der Tage
vor dir stehe, Herr,
wirst du meine Narben sehen
und wissen,
dass ich Wunden empfing
und Heilung fand.
Eines Tages werde ich
im Sonnenaufgang
einer anderen Welt dir singen:
Ich sah dich schon
im Licht der Erde,
in der Liebe der Menschen.

Rabindranath Tagore

Im Frieden scheiden

Jesus, Maria und Josef –
euch schenk ich mein Herz
und meine Seele.

Jesus, Maria und Josef –
steht mir bei im letzten Todeskampfe!

Jesus, Maria und Josef –
möge meine Seele mit euch
im Frieden scheiden.

Überliefert

Ich blicke auf zu dir

Ich blicke auf zu dir, mein Jesus.
Du bist gekommen,
um für mich auf Erden
zu leiden und zu sterben.

Durch deine Gnade
erwarte ich den Tod in Frieden,
in der Hoffnung,
auf immer mit dir vereint zu sein.
Bis dahin lebe ich froh und zufrieden –
sei es mit den Gütern,
die du mir gegeben,
sei es mit den Leiden,
die du zu meinem Heil geschickt hast
und die du mich
durch dein eigenes Leben
zu erdulden gelehrt hast.

Blaise Pascal (1623–1662)

Herr, wie du willst

Herr, wie du willst, soll mir geschehn,
und wie du willst, so will ich gehn,
hilf deinen Willen nur verstehn!

Herr, wann du willst, dann ist es Zeit,
und wann du willst, bin ich bereit,
heut und in alle Ewigkeit.

Rupert Mayer (1876–1945)

Wir müssen sterben

Herr, unser Gott!
Wir Menschen müssen sterben.
Du rufst uns zurück in den Staub.
Tausend Jahre sind vor dir wie ein Tag.
Du säst die Menschen aus wie Gras.
Wir kommen aus deiner Hand.
Wir welken dahin wie Gras,
das am Morgen noch blühte.
Siebzig Jahre dauert unser Leben,
und wenn es hoch kommt: achtzig.
Sei gut zu uns, Herr,
und lenke alles, was wir tun!

Nach Psalm 90,3–17

Immer bei dir glücklich

Ein Mensch, der gut war
und an dich geglaubt hat,
darf nach dem Tode immer
bei dir glücklich sein.
Hilf mir, guter Gott, so zu leben,
dass auch ich eines Tages
zu diesen glücklichen Menschen
gehöre!

Reinhard Abeln

Nimm hin mein Leben

Allmächtiger Vater,
unergründlich sind deine Geheimnisse
und unerforschlich deine Wege.
Du hast mich erschaffen
und willst mich nun wieder zu dir nehmen.
Alles, was ich bin und habe,
lege ich in deine Hände zurück.
Schenk mir deine vergebende Liebe!
Hilf mir, dass ich allen vergeben kann!
Nimm hin mein Leben und verwandle es!
Lass mich auferstehen
und ewig leben in deiner Herrlichkeit!

Gotteslob (1975) Nr. 12,2

Jesus, dir gehöre ich

Jesus, dir leb ich,
Jesus, dir sterb ich,
Jesus, dein bin ich
im Leben und im Tod.

O, sei uns gnädig,
sei uns barmherzig,
führ uns, o Jesus,
in deine Seligkeit!

Überliefert

Zum Nachdenken

Das Gebet hat große Kraft,
das ein Mensch verrichtet
nach bestem Können.
Es macht ein bitteres Herz süß,
ein trauriges froh,
ein armes reich,
ein törichtes weise,
ein verzagtes kühn,
ein schwaches stark,
ein blindes sehend,
ein kaltes brennend.
Es zieht den großen Gott
in ein kleines Herz;
es trägt die hungrige Seele
empor zu Gott,
dem lebendigen Quell,
und bringt zusammen
zwei Liebende:
Gott und die Seele.

Gertrud die Große

Seid fröhlich
in der Hoffnung,
geduldig
in der Bedrängnis,
beharrlich
im Gebet!

Römerbrief 12,12

Quellenverzeichnis

Seite 25: Janosch, Der Tod und der Gänsehirt. – Aus: Janosch erzählt Grimm's Märchen. Beltz-Verlag, Weinheim und Basel 1991, Programm Beltz Gelberg, Weinheim.

Seite 135: Roland Breitenbach, Der Tod kommt unerwartet. – Aus: Gotteswunder Menschenkind. Der Kalender für die Advents- und Weihnachtszeit. Verlag Katholisches Bibelwerk, Stuttgart 2010.

Ein Teil der von Adalbert Ludwig Balling verfassten Texte stammen aus seinen im Verlag Mariannhill (Würzburg) erschienenen Schriften sowie aus zahlreichen in anderen Verlagen veröffentlichten und inzwischen vergriffenen Büchern. Alle Rechte beim Autor.

Die Bibelzitate stammen aus der Einheitsübersetzung der Heiligen Schrift, © Katholische Bibelanstalt, Stuttgart 2016.

Die Autoren und Herausgeber

Reinhard Abeln, Dr. phil., geb. 1938, studierte nach der Ausbildung zum Grund- und Hauptschullehrer Philosophie, Psychologie, Pädagogik und Anthropologie. Er war als Journalist in der Kirchenpresse und Referent in der Erwachsenenbildung tätig. Als Autor hat er zahlreiche Veröffentlichungen über Lebens-, Ehe- und Erziehungsfragen vorgelegt sowie viele Kinderbücher verfasst. Reinhard Abeln ist verheiratet und hat zwei erwachsene Kinder.

Adalbert Ludwig Balling, geb. 1933, ist Mariannhiller Missionar. Nach sechseinhalb Jahren in Rhodesien/Simbabwe (und dann wieder in Deutschland) war er als Journalist, Redakteur und Publizist tätig. Seine Bücher fanden weite Verbreitung. Dutzende wurden in Fremdsprachen übersetzt. Auf zahlreichen Foto- und Info-Reisen lernte er Menschen und Kulturen auf allen Erdteilen kennen. Die von ihm herausgegebene Reihe der „Mariannhiller Geschenkbände" umfasst 120 Titel. Seine umfangreichen Biografien wurden zu Standardwerken missionarischen Lebens und Wirkens. Sein Motto: Freude ist eine Liebeserklärung an das Leben. Wer mithilft, die Schöpfung zu bewahren, baut Brücken in die Zukunft.

Weitere gemeinsame Bücher der Autoren
Reinhard Abeln und Adalbert Ludwig Balling

Liebe und mache, was du willst
Über Sanftmut und Zärtlichkeit
Zufriedenheit, Ehrfurcht und Respekt

Liebe ist die Richtschnur im Leben, an der sich alles Tun des Menschen messen lassen muss. Wer nur um sich selbst kreist, wer sich abkapselt, wer den Mitmenschen und Gott nicht an sich heranlässt, verfehlt sein Leben.

Dieses Lesebuch mit kurzen Geschichten, Spruchweisheiten, Anekdoten und meditativen Impulsen zeigt auf, worauf es im Leben ankommt.

267 Seiten 6,95 € Best.-Nr. 00556

Der Engel von Dachau
P. Engelmar Unzeitig - Ein Märtyrer der Nächstenliebe

Zur Seligsprechung im September 2016 erschien diese Lebensbeschreibung von Pater Engelmar Unzeitig, der als Märtyrer im Priesterblock des Konzentrationslagers Dachau sein Leben verlor. Sein Mithäftling Prälat Emil Kiesel sagte über ihn: „Er war die Liebe in Person. Mehr kann ich nicht sagen: Das ist er gewesen: Liebe!".

192 Seiten, 8,95 € Best.-Nr. 00568

Lass die Freude in dein Herz

Von der Heiterkeit, die von Gott kommt. Geschichten und Texte zur Freude.
Von P. Ludwig Balling und Reinhard Abeln.

144 Seiten, 5,00 € Best.-Nr. 00353

Bestellen im Fe-Medienverlag,
Hauptstraße 22, D-88353 Kisslegg,
Tel.: 07563/6089980, Fax: 07563/6089989
www.fe-medien.de info@fe-medien.de